华为终端
品牌思维3.0

杨莉

——

著

华中科技大学出版社
http://press.hust.edu.cn
中国·武汉

图书在版编目(CIP)数据

华为终端品牌思维3.0/杨莉著．—武汉：华中科技大学出版社，2023.8
ISBN 978-7-5680-9634-8

Ⅰ.①华… Ⅱ.①杨… Ⅲ.①通信企业－企业管理－营销管理－研究－深圳
Ⅳ.①F632.765.3

中国国家版本馆CIP数据核字（2023）第106278号

华为终端品牌思维3.0
Huawei Zhongduan Pinpai Siwei 3.0

杨莉　著

策划编辑：亢博剑　沈　柳	
责任编辑：沈　柳	
装帧设计：琥珀视觉	
责任校对：李　琴	
责任监印：朱　玢	
出版发行：华中科技大学出版社(中国•武汉)	电话：(027)81321913
武汉市东湖新技术开发区华工科技园	邮编：430223
录　　排：孙雅丽	
印　　刷：湖北新华印务有限公司	
开　　本：710mm×1000mm　1/16	
印　　张：15.75	
字　　数：233千字	
版　　次：2023年8月第1版第1次印刷	
定　　价：48.00元	

本书若有印装质量问题，请向出版社营销中心调换
全国免费服务热线：400-6679-118　竭诚为您服务
版权所有　侵权必究

序一
人生与品牌

2022年年初,杨莉回母校华中科技大学管理学院拜访我,谈到她已经从工作了近十六年的华为公司离开。从快节奏的工作中走出来后,她希望静下来,总结一下自己职业生涯的所见所闻和所思所想。我当即与华中科技大学出版社的陈培斌编辑联系,来帮助杨莉出版自己的第一本书。杨莉说要是真写成了,一定要请我这个导师帮忙写序。今天,她告诉我完成了《华为终端品牌思维3.0》的初稿,我甚是高兴,欣然提笔。

本书源于杨莉在华为终端近十六年的工作实战经历,是在讲述自己大学毕业后的成长发展的故事,也是在讲述新时代青年融入快速发展中的中国高新技术企业的故事。杨莉自加入华为终端后,在全球总部、国内代表处、海外地区部、荣耀业务部的不同岗位取得了显著的业绩,个人经历了从入职成长、逐渐成熟到引领发展的过程。

刚加入华为终端时,杨莉从总部的市场专员开始干起,负责全国市场信息的收集、整理和分析工作,从零开始创建PSI数据管理和分析系统。那个时候,华为终端在手机行业还是个非主流品牌,在华为内部也只是个边缘业务。公司对终端的要求不高,就是必须控制好库存风险。其中,销售预测准不准是库存控制中最重要的环节,所以她撰写了手机销量预测的论文,帮助公司实现市场洞察和库存管理。

之后，她到中国区广西办事处任市场经理，负责广西华为终端的营销工作，作为团队的主要成员之一，帮助团队获得PHS（无线市话）市场份额第一、成为CDMA（码分多址）主流供应商。这个阶段，是她深入参与华为终端初期的B to B to C商业模式的实践过程。

紧跟华为的全球化，杨莉远赴拉美。其间，她先担任国家经理，寻找市场需求与公司产品能力的结合点，获得数据卡市场份额第一，并让华为成为运营商和渠道商的主流手机供应商；担任地区部整合营销主管，逐步建立营销队伍，有效提升了拉美华为品牌的知名度和美誉度，并推动华为在一个产粮国成为第一品牌；兼任合资厂COO（首席运营官）和替补董事，尝试从单纯的销售与服务职能向更多元的职能转变。在拉美工作期间，杨莉整理和输出了《终端运作的8大步骤、44个标准动作》，获得地区部和公司的广泛认可，促进了终端一线的系统化作战思维的形成。

为了能更好地促进全球零售的发展，杨莉被抽调回总部任全球零售策划主管，深度参与全球零售业务的战略规划与落地，有效推动了华为全球零售管理能力和终端形象的提升，成为华为品牌成长期最有力的支撑之一。

2014年，中国电商行业迅速发展，杨莉主动申请加入华为的线上品牌荣耀业务部。任全球渠道经理期间，作为主要成员，杨莉参与和执行荣耀海外1＋N＋X的渠道战略，帮助开发全球第一批关键客户，使荣耀以更快的速度走向全球；任荣耀海外营销部部长期间，杨莉参与荣耀海外拓展战略制订，负责营销布局和规划，从无到有建立荣耀品牌的自有线上阵地，探索出了海外低成本BD（商务拓展）模式，提高和增加了荣耀的品牌知名度和粉丝数，将荣耀品牌在四十多个国家迅速传播；任全球营销管理总监期间，杨莉参与荣耀业务部"二级火箭"战略落地，制定全球营销费用规划，牵头建立了拥有2亿消费者的DMP（数据管理平台），启动了DSP（需求方平台）系统规划，引领荣耀的营销数字化迈向行业领先水平；任荣耀培训学院院长兼营销体系HRD（人力资源总监）期间，杨莉负责创建荣耀培训学院，搭建线上线下学习平台，制定并落实训战结合的赋能项目，将理论与应用结合、培训与实战结合、赋能与员工任职资格管理结合，对于将"能力建在组织上"进行了卓有成效的实践。

作者亲历品牌波澜起伏的发展过程，其经历和心路历程让人充分体会到，即便是平凡人，也可以创造不平凡，给读者带来精神力量。

本书叙述并总结了华为这个中国民营企业创建国际知名品牌的关键历程，书中从国际视野和动态发展的角度去看品牌建设在不同时期的变化：从没有品牌到国际知名品牌，从单品牌到双品牌，从产品品牌到企业生态品牌。作者就如何发展和累积品牌价值有独到的见解，能给致力于建立自有品牌的企业主、职业经理人带来启示。

品牌是时代的产物。我国经过了40多年的改革开放，消费者已经从原来有啥买啥，到只买自己喜欢的品牌和产品，以量和价取胜的时代一去不复返。如果想应对这种变化，在市场上生存下去，就不得不面临产品和服务升级，做到"人无我有，人有我优，人优我精"；就不得不做品牌升级，成为令人信赖的品牌，成为全球受欢迎的品牌，甚至成为全球头部品牌。

品牌建设必须从多维度着手。从消费者视角看，企业的产品、服务、形象、资讯和关键事件等都是品牌的组成部分。作者历任营销、零售、渠道、合资厂运营、国家经营、地区经营、培训等多种职位，能够从不同的视角去理解品牌建设中各个环节需要承接和发挥的作用。"零售是卖货，也是品牌传播""销服网络构筑品牌信任度""融入主流业务做品牌管理"等都客观地讲出了多环节合力的作用，展现了将品牌战略落到实处的过程。

数字化是品牌建设的必经之路。如何应用数字化的手段去提供全链条的良好体验，从而让科技更好地助力品牌的发展，让产品和服务不断满足顾客的需求？这是很多企业都在思考和实践的问题。作者在《数字化给品牌带来智能基因》中阐述了数字化对品牌的影响，以及如何利用数字化和智能化培育与壮大产品品牌和企业品牌，应该说这是来自典型的实战派的宝贵经验。

先行者的实践带来全新的案例。华为是少数经历了从运营商转售的OEM

（原始设备制造商）到全球知名品牌的成长阶段、孵化新品牌荣耀并在求生存时出售荣耀的阶段，以及被迫走向软硬件生态体系重构阶段的企业，可以算中国 to C 型企业成长的缩影和代表。讲清楚这几个阶段的成长之路，对当今中国 to C 型企业的成长而言有很大的借鉴意义。回顾华为终端每个阶段的发展历程和商战案例，可能不会直接帮读者找到解决问题之道，但一个企业向更高阶段跃迁的要素、方向、思考方法是有共性的。辩证地去看问题，去找寻不同困境下的突破口，这些经验在没有标准答案的商战中是普遍适用的。

杨莉笔下关于华为终端二十年的商业故事是真实客观的，其情感能触动人心，能给业界同行、高校商学院的学生和企业内训的学员带来最鲜活的实战案例，相信读者会从这本书中获得启示。

《管理学报》荣誉主编

华中科技大学管理学院原院长、教授

2023 年 4 月 28 日

序二
大国崛起，中国品牌大有可为

相信翻开这本书的读者对"华为"和"荣耀"品牌的手机都不陌生，说不定您自己就是它们的用户。如果问您为何会使用华为和荣耀的手机，答案可能是"华为手机是大品牌，质量好，有保证""华为手机是高端品牌，和苹果一样，我周边好多人都在用，令人放心""华为是高科技企业，现在受到美国的打压，但依然在坚持发展，我们要支持它""我朋友告诉我，华为是做通信设备的，所以通话质量很好，网络效果也好""我喜欢荣耀品牌所代表的年轻时尚感和科技感""华为、荣耀的线下店面很多，我经常看见，服务特别好"……

华为手机在高峰时期一年卖出2.4亿台手机、华为的在网日活用户数达10亿；荣耀手机现在年销售5990万台，荣耀的在网日活用户数近3亿。用户认可和选择华为和荣耀品牌，是华为终端所有员工和生态合作伙伴这么多年耕耘的结果，本书的作者杨莉老师就是其中一名重要的参与者。

华为成立于1987年，前期定位为通信服务设备解决方案提供商，客户是全球几百家通信运营商。在2003年左右，华为初次涉足终端领域，开发面向消费者的产品，从ODM（原设计制造商）起步，发展为全球知名的自有终端品牌；从B to B到B to B to C，再到B to C，又孵化出新的互联网品牌"荣耀",同样获得巨大成功。华为和荣耀品牌在2019年达到顶峰,两个品牌的全球市场份额加起来达到17.6%,超过苹果,居全球第二名;国内市场份额第一,达到38.5%,并持续保持领先。众所周知,因为受到美国政府的打压,芯片等核心器件断供,华为的业务受到巨大影响,但即使到今天,华为终端依然拥有广大用户,并坚持推出创新产品。

构建全球知名的高端品牌是所有行业从业者最大的愿景,毫无疑问,华为的品牌发展之路非常值得总结和借鉴。我和杨莉老师是华为终端早期市场部的负责人,杨老师担任过零售、渠道、营销、品牌、培训学院、合资厂等多个重要部门的主管,亲身经历了华为终端品牌的发展历程,并负责过多个重大品牌项目的策略制定和落地执行。在与杨老师共事的日子里,我亲眼见到杨老师善于思考和总结,务实创新,追求卓越,积极穿梭于总部和全球一线市场前端。正是有了这个经历和投入,才有了本书的诞生。

在本书中,杨老师系统性地回顾了华为从制造厂到品牌商的全过程,从战略、品牌、零售、全球化、创新等多个维度深入细致地做了阐述;同时着重讲述了荣耀品牌的诞生、发展之路;并全面描绘了华为从产品品牌到生态品牌的探索和思考。相比市面上的其他图书,本书的可贵之处在于它不是讲"是什么",而是重点讲"为什么"。现在的市场成绩是所有战略和执行工作的结果体现,对读者更有价值的内容是为什么会这样思考、在战略和执行过程中遇到了哪些问题、当时为什么要这样决策、经历了哪些困难等。在今天这个大国崛起、中国品牌大有可为的时代,我想,这是本书的最大价值所在。

应杨老师邀请给本书作序时,我思绪万千,仿佛回到了那段和战友们并肩战斗的热情洋溢、激情澎湃的品牌建设岁月。回忆的镜头停留在2011年的伦敦,我们和全球知名的品牌咨询公司Interbrand的CEO(首席执行官)开会讨论品牌建设,屏幕上播放着BrandZ最具价值全球品牌排名,华为排名一百名之后(当时华为终端品牌还没有正式开始建设,主要是运营商业务)。看着排在前列的苹果、三星、IBM、英特尔、微软等全球知名品牌,它们似乎遥不可及,但我们始终相信,华为品牌终将跨入其中,甚至名列前茅。

序二　大国崛起，中国品牌大有可为

2023年是华为被"卡脖子"封锁的第四个年头，1月9日，在国际权威品牌价值评估机构GYbrand最新世界品牌500强排名中，华为的品牌价值排名逆势上扬，涨到第五名。华为终端用自己的努力证明了，中国品牌可以获得全球消费者的青睐，并跻身世界品牌前列！

华为终端地区部前部长

华为整合营销传播部部长

云印技术创始人/CEO

云学堂联合创始人/联席CEO

乐动机器人COO

2023年5月8日

目录
Contents

第1章 从制造厂到品牌商

1.1	战略给品牌指明方向	2
	1.1.1 运营商转售模式	3
	1.1.2 做全球消费者喜欢的科技品牌	6
1.2	品牌的基因	12
	1.2.1 栽过的跟头	12
	1.2.2 用户到底要什么	14
	1.2.3 时尚潮流基因	18
	1.2.4 极致科技基因	22
1.3	品牌的"心法"与"技法"	26
	1.3.1 品牌"心法"	26
	1.3.2 品牌"技法"	31
	1.3.3 营销是品牌与客户的沟通	38
	1.3.4 零售是卖货,也是品牌传播	47
	1.3.5 销服网络构筑品牌信任度	51
	1.3.6 融入主业务流,做品牌管理	56

1.4	品牌全球化拓展	60
	1.4.1　在中国建立大本营	62
	1.4.2　在 G 国找到品牌立足的系统化打法	70
	1.4.3　如何在 R 国成为第一品牌	75
	1.4.4　借由新品类和新渠道，在日本为品牌破局	80
	1.4.5　善用欧洲资源在品牌高地站稳脚跟	84

第 2 章　孵化新品牌荣耀

2.1	荣耀品牌定位的变迁	92
	2.1.1　第一阶段：华为子品牌荣耀（2013—2017年）	92
	2.1.2　第二阶段：华为和荣耀双品牌分开运作（2018—2020年11月）	94
	2.1.3　第三阶段：荣耀成为服务于全人群的全球智能终端提供商（2020年12月至今）	96
2.2	穿着互联网的鞋，起步即全球	99
	2.2.1　从电商渠道切入	100
	2.2.2　互联网营销玩法	106
	2.2.3　有朋友，有未来	111
	2.2.4　起步即全球	113
2.3	数字化给品牌带来新内涵	121
	2.3.1　对数字化的理解	121
	2.3.2　营销的数字化	124
	2.3.3　用户经营与服务的数字化	132
	2.3.4　零售的数字化	136
	2.3.5　制造的数字化	140

2.4 如何走出有荣耀特色的高端之路　142
2.4.1 高端化　143
2.4.2 产品力　146
2.4.3 品牌力　153

第3章 从产品品牌到生态品牌

3.1 美国打压催生华为终端生态　160
3.1.1 打压　160
3.1.2 突围　163
3.1.3 对生态的理解　167

3.2 鸿蒙操作系统生态　172
3.2.1 鸿蒙生态VS其他OS生态　172
3.2.2 开放原子开源基金会　179
3.2.3 开发者　181
3.2.4 生态培育方法探求　184

3.3 华为移动应用生态HMS　187
3.3.1 HMS为何而生　187
3.3.2 谷歌和苹果应用生态如何长成　188
3.3.3 HMS要如何成长　193

3.4 华为智慧全场景生态　196
3.4.1 智慧出行　197
3.4.2 智慧办公　207
3.4.3 运动健康　211
3.4.4 影音娱乐　215
3.4.5 智能家居　218

3.5 生态品牌建设的探索与思考 221
  3.5.1 国内外生态型品牌建设的探索 221
  3.5.2 关于华为终端生态品牌建设的思考 227

后记 237

第1章

HUAWEI

从制造厂到品牌商

1.1　战略给品牌指明方向

时间如白驹过隙，华为终端公司从2003年成立到2023年，已经到了弱冠之年。在成立初期，给运营商做定制手机的华为终端是一个低调的存在，那么，华为终端是如何从一个默默无闻的制造商发展成一个全球知名品牌的呢？这个必须从华为终端的战略说起。

在企业发展前期，华为终端结合大环境和所处行业的情况，先后制定了两个大战略，并沿着战略方向进行了一轮又一轮的探索、实践、复盘和调整。每次在战略制定初期，公司内外都充满了质疑。每年各个部门和区域开始更新战略规划的时候，也是大家挤牙膏式输出报告的时候。离开华为终端公司，做了一段时间的咨询工作后，我发现相较其他的企业，华为在战略规划方面并没有什么高明的地方。然而，再回过头看时，却发现很多当时看似不可能的目标变成了现实。可以说，华为终端的整个战略执行过程是从朝着目标试试看，到发现有所突破或者因为失败而被激发斗志，再到实现了一部分目标，最终坚定不移地朝着战略目标前进的过程。

好的战略通常形成于对环境的充分洞察之后，以满足目标客户的需求为前提，选择适合自己的方向和定位。其中，环境是企业赖以生存的基础，企业发展不能与之背道而驰；行业、对手就好像参照物，让宏观的战略变得更有指导意义。华为做战略常用"五看三定"的方法，"五看"是指看宏观、看行业、看客户、看竞争、看自己，然后输出战略机会点，"三定"即定目标、定策略、定战略控制点。本节将参照这个方法论展开阐述，希望能给正在制定战略和审视战略的读者一些启发。

1.1.1 运营商转售模式

为了阻击友商通过网端和终端配合对华为网络侧市场的冲击,掩护公司主航道的通信设备,华为于2003年7月成立了手机业务部,并于同年12月注册成立了华为终端公司,起初主要的产品有小灵通手机、无线固定电话村村通。

在华为终端眼中,2003年是什么样的呢?

从宏观环境来看,中国已经加入世界贸易组织一年多,中国经济与世界经济逐步融合;虽然第二季度的"非典"对中国造成一定影响,但并没有改变中国经济上行的趋势。

从行业来看,采用数字技术的2G网络替代了1G模拟技术,大大提高了通话质量。中国电信和中国网通引入无线市话产品PHS(Personal Handy-phone System)小灵通,作为固定电话的补充,其通话质量不及GSM,但具有资费便宜、绿色环保等优势。国家系统工程"村村通"全面展开,国有运营商采用"分片包干"的方式,开始做地广人稀的农村市场的通信覆盖。当时,小灵通手机和固定台的销售基本上由运营商主导,存话费送手机是主流的销售模式。

从客户来看,大众消费结构由以吃、穿、用为主,转向住、行、通信等。手机已经成为人们生活中一个重要的随身装备,能够拥有手机是非常有面子的。全中国平均每五个人就拥有一部手机,北京、上海、深圳的手机普及率已超过60%,有的家庭每个成员都有一部手机。

从竞争来看,手机市场以2G功能机为主导,除了国际品牌诺基亚、摩托罗拉、三星,国产品牌科健、波导、TCL也很活跃,而UT斯达康则作为小灵通的主导力量,在中国推出多款小灵通手机。

从自身来看,华为作为一个2B领域的企业,对2C领域的业务是完全陌生的,相较于市场上的手机品牌商来讲,处于没有产品、没有用户积累,也没有品牌认知的劣势地位,但华为有多年在通信领域积累的技术,有遍布全球的运营商合作渠道。从战略机会点的角度分析,华为手机当时面对大众消费者的竞争力太弱,但面向运营商客户则有一定的竞争力。

基于以上的情况,时任华为终端总裁郭平用一句话高度精练且准确地指出了华为终端的战略:运营商转售模式。把目标客户锁定为运营商,策略是给运营商做定制产品或贴牌产品以快速切入,战略控制点是华为多年来在通信领域的技术积累和与全球运营商的深度合作。在运营商转售模式的指导下,华为终端开启了破局之路。华为终端出现在全球运营商的门店里,有的产品打着运营商和华为的logo,有的产品则只有运营商的logo。在接下来的三四年时间里,华为终端在各个方面逐步取得了一些发展成果。

在产品方面,华为小灵通手机借助着信号、与运营商紧密合作和性价比这三方面的优势,达到了有效掩护系统通信设备的目标,市场占有率也迅速提高到了25%,并且意外地给公司带来了盈利。进入3G网络时代后,很多运营商建好了3G网络,却没有什么业务可跑。当时华为的3G智能手机还在酝酿阶段,时任华为终端总裁郭平提出,以上网用的3G数据卡产品作为突破口,在友商并不看好的小盘子里分大蛋糕,一定要赚钱。数据卡产品团队和销售团队通力合作,超额完成目标,一方面收获了充裕的现金流,另一方面赢得了消费者对华为终端产品品质的认可。

在销售渠道方面,借助华为网络侧与全球运营商建立的深度合作,华为终端将手机卖给了全球主流的运营商包括Vodafone、British Telecom、Movistar、T-Mobile等,并成为运营商的终端主流供应商之一。

在产品供应与质量方面,华为终端的全球供应体系、质量管理体系经历了最严格的锤炼,最终满足了全球一流的运营商对终端产品的定制、生产、准入测试、售后等诸多环节的严格要求。华为终端产品在全球的返修率达到业界最低水平,凡是用过华为终端产品的消费者最大的感受就是华为的产品性能稳定、基本不出问题。

在产业生态链合作方面,华为终端广泛地与全球产业链上的公司展开合作，合作内容包括高通的芯片、谷歌的操作系统、台积电和伟创力的代工、ARM的处理器、三星的屏幕等。

2008年至2011年，3G网络逐渐普及，全球市场和华为内部都发生了很大的变化。

从整体市场来看，从2008年到2011年，全球手机整体销量变化并不大，峰值为每年18亿台左右。此时虽然功能机仍是主流，但智能机开始起步。

智能手机操作系统多家争雄，Ganter统计数据显示，2011年第四季度，各主流操作系统的市场占比分别为安卓50.9%、iOS 23.8%、塞班11.7%、BlackBerry OS 8.8%、Bada 2.1%、Windows Mobile/Phone 1.9%。

智能手机玩家很多，其中苹果手机的影响力最大。自从2008年发布首款3G手机后，苹果智能手机不断迭代，2011年10月4日发布的iPhone 4S首次搭载语音助手Siri。

此时，华为手机的表现没有跑输大盘，销售收入随着整个产业的上升周期逐年上升，但在第三方报告和消费者心目中，华为手机仍然属于"其他"中的一个。2008年恰逢次贷危机，经济不景气，华为终端业务本身远离主营电信设备业务且盈利一般。当年5月，华为向黑石、贝恩等私募基金发出竞购邀请，打算出售终端业务，后因各种原因出售未果。

运营商转售模式让华为终端比较顺利地切入了市场，但其局限性也逐渐凸显出来。

手机作为消费类的电子产品，从全球的数据来看，运营商渠道只占整个市场的20%，这使得华为整体的市场份额在全球Top 10以外。运营商多从成本考虑，不愿意支付高额的终端采购费用，因而采购中低端手机，这大大限制了华为去开发成本较高但用户体验更好的手机。定制订单带来大量的开发任务，使产品团队在完成订单之外，没有精力去开发真正能惊艳消费者的产品，市场推广也没有明星产品。

华为手机在消费者心目中就是存话费送的手机，公司内部的员工都不太使用自己的产品，品牌形象很低端。

经过八年"抗战",华为终端没有死掉,也没有被卖掉,而是艰难地活了下来。

1.1.2　做全球消费者喜欢的科技品牌

2011年10月,华为公司高管和专家在三亚召开华为终端战略研讨会,会议为期三天,讨论异常激烈。会议结论按下不表,我们先回顾一下当时华为终端业务所处的世界。

从宏观来看,2011年,欧美债务危机冲击全球,中国政府有针对性地解决矛盾和冲突,入世十年来,经济平稳增长,国内生产总值达到世界第二。国家鼓励自主创业、扩大就业,并对中小企业给予税收优惠等扶持政策。日本因强烈地震引发海啸和核泄漏,引发全球对核辐射的强烈关注。

从行业来看,全球运营商先后完成3G网络的建设,制式包括欧洲的WCDMA、美国的CDMA2000和中国的TD-SCDMA。中国的互联网开始普及,工信部以"建光网、提速度、促普及、扩应用、降资费、惠民生"为目标,重点实施宽带普及提速工程。全球智能终端市场迅猛发展,尤其是苹果引领了移动终端产业变革,智能手机业务成为IT厂商、电信企业、互联网企业竞相进入的战略产业。国外通信设备商却朝着相反的方向发展,纷纷卖掉手机业务。

从竞争来看,苹果手机发布了带有语音助手的iPhone 4S智能手机,引起了社会的广泛关注和抢购。苹果智能手机给华为3G网络设备带来了巨大的助力,同时也让华为看到了手机发展的新方向。而2G时代手机市场的主要玩家纷纷出局:摩托罗拉移动被联想收购、阿尔卡特手机业务被TCL并购、西门子手机业务出售给明基、索尼收购爱立信在索爱移动通信中50%的股份。新技术的出现伴随着市场玩家的洗牌,有玩家跟不上,但同时也有新的机会窗口打开。

从最终客户来看,大部分用户还是持有功能手机,而希望尝鲜的人已经换上了功能强大的智能手机。如果"换手机会选择智能手机"成为大家的共识，认为智能机就是未来，那么换机用户重新去买手机产品的时候，对功能、速度、信号、外观等都会有进一步的要求。

从自身来看，华为集团为了加强协同效应，构建万物互联的智能世界，已经将"云管端"确定为公司的战略方向，并在组织上做了调整，设立了运营商BG（Business Group）、企业BG和消费者BG，希望实现运营商业务、企业业务和消费者业务的无限联结。华为终端的业务已经遍布全球，为全球主流运营商提供定制手机服务，主销产品是中低端机和3G数据卡，消费者对华为终端的认知还是充资费送的产品。

在2B领域征战多年的华为人面临纷繁复杂的2C市场时，尽管对很多问题很难达成共识，但进军2C领域的决心高度一致。基于多方面的考虑，华为总裁任正非在2011年12月15日签署的三亚会议决议中明确提出"华为终端产业竞争力的起点和终点，都是源于最终消费者"。华为终端将致力于自有品牌手机，聚焦做精品，"做全球消费者喜欢的科技品牌"成为华为终端新的战略方向。

战略的调整牵一发而动全身，2012年，华为终端全面进入变革和试错阶段，客户定义、产品方向、渠道结构、组织架构等都随之做出重大调整。和所有希望从制造商向品牌商转型的企业一样，华为终端雄心万丈，但前方有可能是万劫不复的深渊。这一年是华为终端异常艰难的一年。

运营商对华为的战略非常不支持，纷纷抵制，将华为手机撤出柜台，造成大量运营商定制终端业务的流失。

终止超低端功能机业务，收缩产品数量，华为与运营商交易频次最高的低端手机产品没有了。公司内部出现了很多反对的声音，认为"终端翅膀还没硬，尾巴就翘上天了""华为已经变样了，不再以客户为中心了"。

华为终端坚持强化精品的策略，把近百个手机产品队伍整合，搭建软件和硬件平台，但暂时还未实现提升产品的用户体验和提高盈利能力的目标。新上市的几款机型卖得很少，海思处理器件在初期的发热、不稳定、不流畅等问题让很多消费者宣称"再也不买华为手机了"。用户体验不好,消费者认为Emotion UI界面很土,交互性弱,图标简单变换且没有什么设计感可言,更新频率低。华为商城初期的日销量也就几台而已,真可谓门可罗雀,可以想象当时华为商城的同事们所经历的煎熬。与此同时,公司内部对新战略也不太有信心,很多人认为终端的策略过于激进,组织内部思维固化,一时间在意识上还没有完全转变过来。

2012年9月22日,终端总裁余承东在微博上简短阐述了华为终端准备做出的七大改变。

按理说,这类公司级战略是不宜在网上公开的,在多年后的一次采访中,余总回忆了当时的心境:"(这条微博是)我以近乎悲壮与绝望的心情发出的呐喊!那时候,华为终端还很弱小,也不赚钱,没有人看得起我们,因此也不担心发这些东西会泄密。面对着源源不断的来自内部和外部的各种批评与挑战,我的内心充斥着压力、痛苦与坚持。"如余总所说,在那个处境下,这个内部确定的战略方向在外部看来更像是满嘴跑火车、不知天高地厚的瞎话,大众对此有一笑置之的,更有讽刺的,"余大嘴"的外号在那个时候在坊间流传开来。

而在我这个经历过这个至暗时期的终端老员工看来,这是在异常艰难的时期,一个希望杀出重围的将领,在没有充分保障的情况下冲上了山头,发出了向死而生的呐喊。

如果要给这段时期的华为终端来个背景音乐，用陈百强的那首《一生何求》最为应景："梦内每点缤纷，一消散哪可收，一生何求，谁计较赞美与诅咒……"

在内忧外患的多重影响下，华为的财报显示，2012年是华为终端历史上唯一没有完成销售任务的一年，但其变革的决心和系列举措受到了集团核心管理团队的支持：华为终端总裁余承东主动提出管理团队零奖金，华为总裁任正非给管理团队颁发了"从零起飞奖"。手捧歼日15从"辽宁"号航母起飞的模型，终端管理团队踌躇满志，他们知道经过一年的调整，大后方已经理顺，接下来的一年可以按照战略方向坚定地往前迈进。

2013年，智能手机逐步取代功能机成为主流。在对功能机和智能机的选择上，资源投入是个关键点。也正是在这个关键点上的态度，让玩家们的市场地位出现了大反转。2013年到2019年是华为终端的快速成长期。在经历了前几代中高端机的不成功尝试后，2013年5月，华为发布了4G手机P6，用"美，是一种态度"的高位姿势占领高端女性消费市场。2014年9月发布的Mate 7成功占领了极具商业价值和品牌价值的男性商务用机这个细分市场。这两款产品让华为自有品牌的精品战略得以落地。经过接下来4至5年的黄金发展期，华为终端逐步建立了高端自主的品牌形象。2019年，华为手机全球发货2.4亿部，成为中国NO.1、全球NO.2，并借由Mate 30、荣耀V30等产品在5G手机市场上受到欢迎。列举这些成绩不是想说明华为终端有多厉害，毕竟终端市场上群雄逐鹿，没有常胜将军，把握趋势，拥有转型的勇气、决心和行动力才是关键。当企业走在正确的路上，即使慢一点、多踩几个坑，只要能及时地从中吸取教训，迟早都会有收获。

回顾手机行业这段波澜起伏的历程，最让人唏嘘不已的是诺基亚、摩托罗拉这些大品牌轰然倒塌的过程。现在回过头来看，曾经的巨头至少给我们留下了以下警示。

与家族企业三星从功能机向智能机转型的坚定决心不同，与全员持股的华为"要么发展下去，要么从地球消失，华为终端业务没有退路"的战斗状态也不同，由职业经理人和投资方组成的团队，在面对公司可能因变化而出现危机的时候，他们有很多退路，决定撤退之时，公司整体的战斗意志也会随之消失。

对于消费类电子产品企业来说，"竞争力的起点和终点都源于消费者"。这句话看起来很平常，但做起来很难。以诺基亚为例，曾经它将"科技以人为本"定为企业口号并取得了霸主地位，然而在技术日益发展、用户更注重体验和功能拓展时，它却对技术变革下消费者需求的变化视而不见，反而用笨拙的塞班系统和换壳作为新品的卖点，而非根据客户需求去推出产品。

掌握最多资源的手机大品牌其实是有足够的能力和时间转身的，但前提条件是抛弃既有技术和供应体系。这相当于先革自己的命，打破原有已经成型的产业利益链。然而这些大品牌们无法战胜人性的弱点，没有完成自我革命，所以最终被竞争者革了命。

如若转念，局面瞬间逆转，但历史不会重来，商业世界的魅力也正在于此：没有一个强者可以永远强大，而后来者却可以借由正确的方向和方式建立新的格局。

通信和智能终端行业的日新月异、与友商你追我赶的良性竞争、中国科技和制造业近20年的高速发展、经济全球化环境下中国品牌所获得的机会以及当前面临的地缘政治影响……外界风起云涌，应对方式须随之而变，打铁还需自身硬，坚持做好自己是根本。不论产业周期如何变化，华为终端持续强化研发和技术，在不同技术环境和市场周期下，始终致力于为客户提供先进的终端产品和服务，慢慢拥有了跨越周期成长的耐力和条件齐备时的爆发力。

智慧型管理者做战略决策时，不是在单一规则下做非黑即白的选择题，而是在看似矛盾的多个规则下做兼容不同规则的填空题，从而实现多赢和跃迁式成长。从运营商转售战略向自主品牌的精品战略切换时，华为终端并没有放弃运营商转售渠道，而是经过阵痛，以更好的产品换了一种方式与运营商继续合作；当从互联网渠道切入的荣耀在销售渠道对华为品牌造成冲击时，公司决定华为和荣耀做渠道的全面切割，让荣耀走到线下，从零开始自建整个线下网络。美国在芯片上卡脖子，华为总裁任正非迅速决定展开自救，建立自主的产业生态链，但同时一再强调："不管怎样制裁和封锁，华为坚持全球化不动摇。如果上游美国厂家愿意，华为会持续采购其芯片。"以上种种战略都指向多赢和跃迁式成长。

在亲身经历了华为终端的战略变迁后，我深刻感受到，战略既是洞察环境后的远见卓识，也是不折不扣的行动力；既是一个加强顶层建设的过程，也是一个摸着石头过河、不断复盘和优化的过程。战略必须由两部分组成，一部分是制定战略的能力，另一部分是执行战略的能力，只有二者结合，才能形成真正有效的战略，否则都是空谈。

互动问题

当"战略"从军事领域引入商业领域后，常常看到几种情况：

1. 正确的战略让企业活下来，并逐步发展壮大；
2. 错误的战略，让企业错失市场机会，走向衰退和消亡；
3. 提出空洞的、浮夸的、无比宏伟的目标和愿景，就认为有了自己的战略；
4. 做什么事都包装成战略，618打个折都可以叫低价战略；
5. 战略是喊着的口号或者挂着的标语，却没法成为实际行动。

你所经历和看到的组织战略是什么情况？你觉得在当前局势下，你所在的组织要想突出重围，是战略方向上需要做调整还是某些战略执行上需要加强？

本节金句

智慧型管理者做战略决策时，不是在单一规则下做非黑即白的选择题，而是在看似矛盾的多个规则下做兼容不同规则的填空题。

1.2 品牌的基因

作为一个科技公司,产品是其生存的根本,也给品牌注入了基因,品牌与产品相生相长。以下围绕华为终端产品的发展历程,来看看产品如何给品牌注入基因。

1.2.1 栽过的跟头

很多人知道华为手机是因为 P6 和 Mate 7,但很少有人知道在这之前上市的或者没上市的华为手机产品。

Ascend P1 是华为终端向高端手机迈进的标志,宝马的设计师范文迪参与设计,将其定位成全球最薄的手机。记得当我第一次在产品线的同事手里看到 P1 的工程机时,忍不住"哇"的一声。这款手机的设计超越了市面上的畅销机型,比苹果和三星都薄,做工也挺不错,各方面参数也能跟主流机型相媲美。

为了打响华为全球精品手机的知名度,华为终端花重金请来了业界著名的英国 BBH 广告公司,但"白马撞老头"的视频广告在央视、江苏卫视播出后反响平平,大部分人的第一反应是没看懂。

作为华为首款 3000 元价位的智能手机,Ascend P1 在国内上市初期定价 2999 元,结果没过多久,一些零售商就在电商渠道将售价降至 2399 元甚至更低,半年内更是价格腰斩,甩货和乱价让产品的渠道团队头痛和心痛。好在 Ascend P1 销往西欧在内的 40 多个国家和地区后,在当地的消费者中口碑不错。但总共仅卖了 50 多万台后,这款产品的生命周期就结束了。

紧接着面向商务人士的D1问世，主打极致性能。为了让性能更出众，D1首次采用了少见的四核处理器，但由于技术过于激进，导致上市延期。海思芯片的发热问题让用户体验雪上加霜，很多用户后悔买了华为手机。屋漏偏逢连夜雨，三星在这个时候还不提供屏幕了，手机的交付受到很大影响。在这种堪称凄惨的状态下，销量当然也远远没有达到预期。

华为终端决定砍掉所有功能机和低端智能机，走精品之路，这是先断了自己的后路，然后启用自研的海思芯片，这是入了窄门。当时的局面，如果要用一个词来形容，那就是"悲壮"，用四个字形容就是"四面楚歌"。除了P1和D2，华为终端还在IDEOS系列、Spark系列上投入了大量的资源，最终均以失败告终。

在深圳南山科技园南区华为终端总部的会议室里，大家绞尽脑汁想出来的产品系列名称淹没在了浩如烟海的机型中。在内部，大家戏称，IDEOS谐音"屌丝"，跟"白富美""高富帅"比起来，没有逃脱草根的宿命，最终还是被嫌弃，没有被客户爱上；Spark冒了个火花就灭掉了，根本没有出现星火燎原的迹象。

经历了如此多惨烈的失败，华为终端内部进行了深刻的反思，大家提到最多的是不了解消费者和从工程师视角来开发产品，常常以为实现了很牛的技术就是给客户带来了最好的产品，然而实际上客户并没有什么感觉。在产品开发上,更多的是功能堆砌与叠加,是用一流的部件,做二流的产品,卖三流的价格,消费者的综合体验上不去。

痛定思痛的华为终端做了两方面的调整:一是加强消费者研究,希望更懂得消费者需求,更好地解决消费者的痛点和发现消费者到底要什么;二是产品体验上要对标顶级品牌三星和苹果,希望靠精品、靠质量形成口碑。这也意味着,华为终端把自己逼上了最冷的北坡,向时尚和科技的顶峰前进。前面的探索已经头破血流,接下来还要直接对标最强的对手去竞争,外部认为这简直是痴人说梦,内部信心指数也是贴地飞行。现在回想起来,也正是对这两点的坚持,让Mate、P、G、Y、荣耀五个系列能够"剩下来",最终"胜出去"。

互动问题

1.如果您是一个深度手机玩家,还记得市场上出现华为P1和D1的时候您的感受吗?

2.如果您是P1的用户,您的使用体验如何?

3.国产手机在经历了各种批评和诟病后,逐渐成为一张中国名片,这离不开消费者的包容和支持。作为其中一员,您对国产手机有什么要讲的吗?

本节金句

在产品开发上,更多的是功能堆砌与叠加,是用一流的部件,做二流的产品,卖三流的价格,消费者的综合体验上不去。

1.2.2 用户到底要什么

华为终端需要从运营商的指标视角走出来,走向消费者的需求视角。2013年,华为终端开始了大规模的消费者调查,深入研究不同消费者的需求。STP(Segmenting Targeting Positioning)是当时华为终端开展客户研究的方法论，STP分别是指市场细分、目标市场和市场定位。为了吸引不同心理动机的用户群体，华为终端展开了消费群体特点、智能机使用场景、希望具有的外观和功能、决策过程、品牌认知等方面的调研。

最后，8种用户集合逐渐呈现出来：积极掌控者、时尚先锋、身份彰显者、潮流追随者、科技粉丝、实惠社交者、传统沟通者、简单使用者。在这8种用户类型群体中，目光最具代表性的2个高端群体是积极掌控者和时尚先锋。

积极掌控者的画像是这样的：企业高管，年龄为26岁到45岁，事业心强，喜欢简单实用、能帮助管理工作和提高生活效率的手机功能，对浏览网页、自动传输通讯录、笔记本、阅读邮件等商务功能，以及被盗后远程清除等安全功能的需求尤为强烈。手机是工具，也是身份和地位的象征。在积极掌控者中，男性占比60%，以高收入、高学历、高社会地位的成功人士为主；女性占比36%，包括企业高管、律师、医生、教师等职场精英。在购买智能手机的时候，46%的积极掌控者会选择信任的手机品牌，45%的人并不追求最流行的智能手机款式，他们认为满足需求就好，要求手机的界面流畅、不容易死机，特别关注产品是否有独具魅力的设计和外观。如果电池续航时间长，可以录视频，可以用邮件浏览Excel和Word文档，还可以编辑文档就更好了。

时尚先锋的画像是这样的：富二代，家族企业经理，30岁左右，月收入3万元以上，生活无压力，正使用苹果手机，每月话费300元。喜欢改装车，爱约上好朋友赛车，对新鲜的体验充满激情，认为"我用的东西要能表达我的品位"。或者大型公司的专业人员，月收入1万元到15000元，住高档小区，中国香港、韩国等地区和国家是其首选购物地，对新鲜的体验充满热情。正使用苹果手机，玩转各种手机APP，正准备进行深度欧洲游。时尚先锋人群集中在30岁以下，其中52%为女性，48%为男性。群体共性在于没有金钱压力，对价格不敏感，消费水平高于其他人群，热衷于使用各种新的电子产品。"高富帅""白富美"是常用在时尚先锋身上的标签。他们对手机的娱乐功能要求颇高,苹果、三星、索尼等是他们喜欢的品牌,而国产品牌对他们的吸引力比较弱。时尚先锋经常说自己主要用手机下载电影、玩微信和游戏、看微博或者上网购物、查餐馆评价、将手机资料上传到云端等。他们希望手机的外观要时尚,要超薄,外壳可以选择的颜色要多,手机运行速度要快。

然而,人群分类方法显然不能完全描述所有的购买人群,常会以偏概全。事实证明实际购买人群与画像人群存在出入,比如瞄准商务男士的Mate系列却在家境好的女大学生群体中获得了不错的评价,刷题、刷剧,还有拍照显脸小成了她们购买Mate系列手机的原因。本来以为大尺寸手机女生很难拿,但因为女生常常随身带包,对手机尺寸的敏感度反而不高。这看起来跟初期做的目标人群画像完全不重合,但这些偏差并不掩盖目标人群洞察所带来的好处。首先选定有代表性的种子人群,然后对其展开深入了解并试图满足其需求,这样做常常会让你找到灵感和方向。画像能够给出明确的靶心,产品设计和营销沟通也有了方向。另外,当最先希望影响的种子人群充分认可并购买和使用产品后,好的产品就会赢来口碑,蝴蝶效应会将产品扩大到新的细分人群。

消费者调研是个技术活,调研的方法、样本的选择、样本在被调研时的选择与实际心理活动的偏差、可能的作弊行为、对报告的解读,每一个环节都可能充满了陷阱。如何规避这些问题是一门技术。做市场调研的人要牢记,你看到的不是全部,你只是看到了你能看到的,还有一些你看不到的反而可能是关键。明白了这一点才能更好地解读和应用调研数据。

除了市场调研,华为终端部门的小伙伴们还不遗余力地从各种途径去做消费者洞察。比如华为的品牌部门通过线上调研,每两周刷新品牌关键指标的变化,使之成为动态了解品牌的一个有效途径;比如公司专门设立净推荐值NPS(Net Promoter Score)并将这个指标列为相关部门的考核指标,引导大家关注消费者体验;比如组建"抢红包""高铁不掉话""自拍"等专项工作组,持续了解消费者各方面的需求;比如主管开通社交账号,直接面向大众,倾听消费者的反馈和建议;比如随着自有商城业务逐步打开局面,因查询、咨询、加购、下单、支付、交付等行为而产生了大量的信息，这些用钱投票所反映出的需求和从口头问卷或者线上问卷中获得的需求往往会有偏差，却能更加客观地反映消费者需求。

另外，华为终端使用的诸多消费者洞察的方式中，有一种让所有人都获得了深刻体会，那就是"全员站店"。终端公司EMT成员率先在深圳华强北站店，成为市场上"最贵的促销员"。终端各层管理者，产品线、销服、供应链、HR等领域专业岗骨干和集团的志愿者都纷纷加入。不管你是干部还是员工，每个人都需要找周末或节假日的时间去站店。站店前要统一学习当前的产品知识和销售话术，站店时要主动与消费者进行沟通，解答他们的问题，并尝试销售产品；站店后要按照要求输出站店总结报告，其中应包括其他部门和自己的工作哪里需要改进。产品线的项目经理看到自己的产品在门店无人问津时，暗暗给自己定下了目标；做计划的人发现畅销机型缺货时，马上回去改进要货计划的准确性；设计零售礼品的小伙伴发现自己的礼品不受欢迎时，开始像产品经理一样思考配套礼品的方案……我则将走店变成了一种习惯，到了一个城市就喜欢去走走零售店，看自家的店，也看友商的店；看手机店，也看其他零售形态标杆店。

当一个公司将消费者洞察作为行动基础的时候，就会逐步形成消费者思维，促使大家去关注消费者、更加贴近消费者。比如制作Mate 20系列广告的时候，因为洞察到消费者常常有较近距离去拍全景的需求，所以巧妙地选择了舱外作业的宇航员作为广告的主角。当宇航员被安全绳限制了活动范围而很难完成拍摄任务时，选择Mate 20远景拍照模式就能轻松解决大难题。

除了上面提到的广告拍摄中考虑消费者需求外，消费者洞察也被纳入了产品开发和上市的整个流程里，逐渐变成了不可或缺的工作步骤。产品卖点提炼、营销方案制定、零售话术输出、服务工作改进等各个环节，都有意识地把用户的反馈作为一个风向标来看待和应用。

从产品的角度看，手机已经成为人们最离不开的一个工具，每天一睁眼要看手机，睡觉之前要看手机，很多人离开手机十分钟就会觉得浑身不在。

究其原因，是因为手机的软硬件功能已经渗透到人们生活的方方面面。你通过它来跟远方的亲友畅快聊天，用它去转账、监测跑步的数据、看电子书、购物……手机可以帮你听得更远、做得更快、了解得更多、看得更精彩……手机几乎能够解决用户在各种场景中面临的问题，已然成为人体器官的一个延伸。作为一个手机厂商，将通话稳定、上网流畅、待机时间长、拍照清晰、打游戏不发热、掉水里了还能用等一系列的问题尽可能地去解决好，将产品打磨到极致，就有了赢得市场的基础，而这些都是逐步洞察消费者后的软硬件厂家联合作业的结果。

建立以用户为中心的思维模式，站在用户的视角，来到用户的身边，走进用户的内心，通过机制来保障用户需求并主导所有产品和服务的设计。这是一个消费品品牌走向正确道路的开端。

互动问题

1.您组织或者参加过市场调研吗？您觉得这项工作的得失有哪些？
2.大家都在说以消费者为中心，为什么很多组织却做不到？

本节金句

当一个公司将消费者洞察作为行动基础的时候，就会逐步形成消费者思维，促使大家去关注消费者、更加贴近消费者。

1.2.3 时尚潮流基因

在华为终端的产品系列定位里，P系列主打时尚与拍照，定位为高端年轻消费者旗舰机。在P系列的故事中，P1的失利在第一节的战略部分已经提及，此处不再细说。P2于2013年3月24日在巴塞罗那正式发布，定价为399欧元（折合人民币3300元），业界普遍认为这是华为中高端机进军国际市场的标志。发布后，P2在媒体和网络的热度是非常高的，但在几个月后真正有货可以卖的时候，大家的关注热度已经过去了，P2也淹没在浩瀚的安卓机海里。

这一节重点讲的是打翻身仗的P6项目。命名上直接从P2跳到P6，直接对标当时最受追捧的苹果手机，但苹果的外观设计和体验已经达到了电子产品的极致状态，被很多人认为是无可超越的。

经历了前期屡次的失败后，大家心里憋着一股劲，决定这次一定要在市场上做点成绩出来。从P6组建的最高端的运作团队中，大家的决心和状态就可见一斑。P6项目由各个部门的高级主管领队，整个团队的总人数超过千人。UI用户研究架构由全球顶级专家组成；基础的硬件如射频结构、软件体验等均启用了最为核心的研发人员；2012实验室则致力于大幅改善用户体验和场景功耗等；设计团队是未来创新设计梦之队Dream Lab，擅长开发最具潜力和前沿感的产品，团队成员来自不同国家，专业覆盖消费者洞察、设计、美学等不同领域。

P6项目首次由工业设计和体验来引领整个开发设计，团队里的一名设计师根据手指触碰弯曲的纸张的感觉，提出了P6的设计概念，一改原来"拼参数"的工程师思维。尝试用"美"与消费者形成感性联结，以体现产品文化和极致的使用体验。从此刻开始，美、时尚、潮流等元素悄然而和谐地融入了华为终端品牌基因。

P系列主攻时尚先锋人群，这个人群对拍摄效果和美图功能是非常重视的。P6在摄像头上下足了功夫，首创了摄像头美肤功能。华为研发中心搭建了主客观场景，模拟不同的色温，使P6拥有了10大美肤功能，实现"所见即所得，用卓越的相机去发现美"。

在机身厚度上，P6延续采用了P1的超薄机身，将机身的厚度定为6.18毫米，比起当时主流的竞品iPhone 5的7.6毫米纤薄了很多，成为当时全球最薄的全金属机身的手机。为了做到6.18毫米，华为终端将自己和供应链都逼向了极限。以放置SIM卡的卡托为例，需要将卡托的厚度压缩到最薄，这对材料的硬度要求非常高。这些对行业制造极限的挑战，在华为的专家与供应商的紧密配合中得以完成，P6最终拥有了轻盈的体态。

在外观上，P6拥有书本翻页时的一体化弧度，元素非常简洁。4.7英寸720P的显示屏采用了最窄边框，最大屏障比保证了用户的最佳握感和触控体验。背面干干净净，没有对参数的产品介绍，只有华为的logo。在颜色上，除了黑色、白色外，新增了玫瑰金等颜色。P6采用了独特工艺，凸显时尚尊贵的格调，用极简高贵的外观去诠释美。

在声效上，华为P6实现了重要的突破，采用了环绕立体声的设计；在软件上，终端团队在P6中给出了兼具极简化和个性化的答案。

在营销上，也实现了从原来的功能点沟通到情感沟通的一次彻底转变，希望与消费者在情感层面产生共鸣。团队围绕"美"这个理念，提炼出"美是一种态度"的宣传标语，以此为方向，展开KV制作、广告视频拍摄、联合营销对象和主题选择、零售道具制作、礼品方案设计等。

与此同时，一改华为终端卖多少货就给对应比例的营销预算的做法，第一次大胆尝试营销预算提前支出，并且在上市期于各个传播渠道同步投放，希望能渗透市场并形成冲击。

在P6项目上，品牌和营销人员不再像以前那样，被动接受已经完全成型的产品，而是在产品尚未成型阶段，就开始跟产品团队一起讨论产品的top卖点，与研发、销售人员前所未有地深入沟通和协作，形成有机结合的系统作战方式。从P6开始的上市管理模式（Go-to-Market，简称GTM）后续演化成华为销售服务领域的主流程IPMS。

P6的所有工作叠加在一起，彻底引爆了市场，最终实现了华为中高端机销量超千万台的目标。随着P6在全球的畅销，华为进入了全球中高端手机品牌的行列。

P7、P8进一步巩固和加强了P6开辟的市场，而P系列另外一款对品牌贡献大的产品P9，也是P系列复盘必须提及的一款机型。在产品上，华为P9首次成功尝试了与徕卡合作。相机本身带来的拍照体验和技术标准给华为带来挑战，并一步步地渗透到了P9整个的产品开发中，大踏步地提高了P9的拍照性能。P9和P9 plus在CES展发布后，赢得了非常好的反馈。很多原来其他品牌手机的忠实用户，因为华为与徕卡合作所带来的卓越拍照体验，在换机时转而选择P9和P9 plus。

记得在2016年十一假期家人聚会拍照时，从上海回来的侄子就强烈建议用他刚换的P9来拍。自从有了P9后，作为摄影爱好者的他，日常生活拍照都由P9来完成了。他把亲人们的合影发到群里的时候，立马有好几个人想找我买P9。可见，与徕卡合作所带来的加持让华为品牌成功在摄影爱好者中出圈。

有人会问，为什么要去找大品牌做跨界的合作伙伴？大品牌为什么愿意与华为合作？当你想在某些领域形成差异化的竞争优势时，与该领域最牛的玩家合作是最快的方式。

事实证明，跟徕卡的合作让华为在找到了一个过硬的技术背书的同时，完成了对摄影拍照的更高阶的理解和标准建立。当被问及徕卡为何选择跟华为手机合作时，徕卡的CEO回答：华为产品本身具有高端的品质，不管是材料的选择，还是技术的引入，抑或华为在软件、硬件上的质量标准，所有这些都能体现高端的品质和特性。除了品牌定位上的认同，还有两点原因徕卡的CEO没有讲：随着手机拍照的普及，徕卡等相机厂商的市场在一步步地缩小，与其被时代变化抛弃，不如拥抱变化；中国诞生的国际化手机厂家所拥有的用户数是海量的，其中蕴含着原本小众的徕卡相机所不能及的、覆盖全球的宣传潜力，与华为合作也可以给徕卡带来新一波高品质的品牌曝光。

正是从P1开始的一代代P系列产品对时尚潮流的不懈追求和完美演绎，让时尚潮流融入华为终端的血脉，成为华为终端品牌的基因。

互动问题

1.您就职或者喜欢的品牌中，有哪些品牌基因是您能深刻感受到的？

2.那些您喜欢的品牌基因是通过什么方式让您感受并喜欢上的？

3.中国品牌从原来"土味十足"到现在开始"引领潮流"，哪些改变起了作用？

本节金句

尝试用"美"与消费者形成感性联结,以体现产品文化和极致的使用体验。从此刻开始,美、时尚、潮流等元素悄然而和谐地融入了华为终端品牌基因。

1.2.4　极致科技基因

经历了多款高端机产品销量不佳后,华为终端急需一款手机赚到钱,从而有钱发工资和奖金,Mate 1在这个背景下启动了。洞察到超大屏幕、超长续航手机的市场空白后,Bruce Lee带领产品团队启动了6.1英寸大屏、长续航手机的开发。产品出来后,线上线下协同,但备货节奏没有把握好,销量勉强及格。多出来的长货期物料电池和屏幕冲抵掉利润后,项目是亏损的。

接着Mate 2延续了超值大屏的卖点,并启用了华为第一代4G SoC芯片麒麟910,当时属于业界领先水平。然而,总体而言,Mate 2的整机竞争力一般,销量表现一般。两代Mate系列产品加起来勉强实现盈亏平衡。

前两代Mate手机不算成功,却收获了喜欢大屏、长续航的第一批Mate粉丝。对种子人群做了画像分析后,我们发现这群人多数是职场精英,事业上小有成就,但上有老下有小,压力巨大。手机作为生产工具被他们重度依赖,大屏幕、长续航非常符合他们的需求,外观上他们则希望稳重、符合身份。在第三代Mate产品规划上,为了满足目标人群的心理诉求,产品团队选择了工业设计部提供的超大屏幕的金属机身,增加了安全方便的指纹解锁和高性能芯片。

2014年9月5日,华为在德国柏林国际电子消费品展览会上发布了Mate 7,而三星Galaxy Note 4则是在2014年9月1日21点正式发布的,并于9月3日在中国北京、美国纽约、德国柏林三地同步上市,苹果iPhone 6系列于9月9日在美国加州发布。

可以说Mate7被两大头部品牌夹击,外界看来似乎没有胜算。内部在备货上依然谨慎,把备货全部压在了前三个月,但经历了这么多代产品的洗礼,华为的品牌、渠道、零售、服务等各方面能力都已经得到了长足的提升,心里已经积累了一定的底气。

在华为大学的高研班上,同学们讨论过Mate 7的成功案例。时任华为终端中国区总裁的朱平也在班上,研讨的氛围开放而热烈,我从蓝军视角提出,Mate 7的成功有一定的偶然性,除了Mate 7产品质量和中国区一线团队的杰出战斗力外,几个不可控因素也是热卖的原因。首先,苹果iPhone 6在全球发布后,迟迟没有在中国大陆上市,渠道商手上的资金不能闲着,正好华为出了这么一款手机,他们就试着进了一些货,结果当时定价2999元的Mate 7意外地卖得非常不错。其次,2013年6月,前CIA职员斯诺登披露美国早在2007年就开始执行"棱镜计划",秘密监听全球任何使用美国产品的客户,包括苹果、微软、谷歌等在内的众多巨头都参与其中。而在iPhone 6发布前两个多月,苹果公司承认他们能够通过一项未公开的技术获取iPhone用户的个人数据。一时间,全球舆论哗然。在此背景之下,政府敏感部门采购手机时,开始把国产手机作为主要选项,于是2999元起步、最高3699元的Mate 7成为众多体制内公务人员的首选。不管出于何种原因,目标人群尝试使用Mate 7后,惊喜地发现这款手机超出了他们的预期,解决了之前的不少痛点,比如待机、信号、稳定性等问题,他们决定下一部手机继续选择华为,并开始向身边的亲戚朋友推荐。

从蓝军视角去给Mate 7的成功找偶然性原因,看起来合情合理,但深入了解后,不得不说华为Mate 7的操盘团队积蓄了足够的力量去赢取这场爆发,他们才是这场胜利的最关键因素。朱平在复盘Mate 7项目时回忆,在项目筹备期间,他就向大家表明决心:"这个项目达不成目标,我就主动申请'下课'。"为了能够走入消费者视野,成为被选择的对象,中国区团队做了海量的工作。光上市前的消费者调研就做了4万多份,将商务人士的需求进行全面的调查和梳理。基于目标人群,对所有市场工作进行了周密的准备。在多次讨论操盘方案后,中国区团队提出:坚决打入高端市场,定价3500元,销量超百万台。以上决定遭到了很多人的反对，毕竟Mate前两代卖得不好，且没有哪个国产品牌在这个价位段卖得好过。但操盘团队坚定地认为看准了契机，且定位和卖点都契合高端机的特点，运营得好完全有可能成功。经历了前几代旗舰机的冲刷，渠道和零售末端的触达能力已经有了长足的进步。借助已经建立的渠道能力，一线团队把工作做到了最末端：营销方面充分发挥社会营销、口碑营销、全员营销来取得势能；延续P6上市操盘的经验，将端到端IPMS全流程操盘在Mate 7上应用得更娴熟，各环节衔接得更好。营销与研发的咬合，渠道的畅通，零售网络的发达，服务的暖心……这一切的有机结合让产品和品牌开始流向渠道，走进消费者的视野并成为他们选择的对象。

结果令人欣喜，Mate 7刚上市就被消费者抢购。我和很多其他同事在那段时间都收到很多好久不联系的高中同学、远房亲戚等发来的微信问候，主要是希望帮买Mate 7。借助Mate 7的热卖，华为品牌稳稳地在高端市场站稳了脚跟，华为Mate系列手机主打商务旗舰、定位高端的市场地位得以建立。

从产品竞争力的角度来看，Mate 7挤入了中高端市场，极致科技的产品定位也获得了不少消费者的喜欢。后续一代又一代的Mate产品对"黑科技"展开了孜孜不倦的追求。

Mate 8在芯片中预留了TrustZone（隔离区），并在EMUI之外加入独立的安全OS，有了这两道铜墙铁壁，就算手机被偷走后刷机或者恢复出厂设置，不知道密码依然用不了。更牛的是，通过手机找回功能，失主可以远程控制、删除、备份数据。

Mate 9超级快充，半个小时就能充满2400毫安，这是华为与英国曼彻斯特大学合作的石墨烯技术的成功应用；采取了8层散热结构，能保持持续低温快充；不仅充电快，而且设置了五大安全防护点，每个保护点有3层保护网，所以安全系数极高。

Mate 10处理器升级到麒麟970，内嵌独立NPU，第一次将AI投入实际应用中。在拍照的时候，可以智能识别场景和物体，自动调节参数，从而拍出更高质量的照片。

Mate 20采用了麒麟980芯片,在方寸之间集成了69亿晶体管,是当时业界第一款双核NPU;同时继续将AI发扬光大,首次加入3D结构光技术,让人脸解锁的速度和安全性达到行业领先水平;首次将石墨烯散热和15瓦无线反向充电结合,让手机化身充电宝。

Mate 30有AI隔空操控功能,让用户可以通过手势流畅地进行无接触操作,边做饭边刷剧,啥都不耽误。另外,Mate 30系列的拍照也是一绝,不仅能清晰记录运动中的物体,如发布会上展示的轻松拍摄蜂鸟翅膀的震动,而且可以进行视频人物背景虚化,让普通人的作品堪比大片。

Mate 40搭载了全球首款5纳米5G SoC芯片麒麟9000,通过更多应用和分布式技术,为用户提供更丰富的全场景体验。智感支付极大地简化了支付流程,大文件异地直传成为办公和学习中用了还想再用的功能。用户手机上的照片和文档等文件,可以轻松传到PC和智慧屏等智能终端,从而使得旅途中的你可以实时在电视上与人分享你看到的风景。

Mate 50卫星通信技术突破地网局限,四网并发,在地库、电梯、高铁等弱信号的地方依然做到稳定接入。在外观材质上,Mate 50引入了千锤百炼的"昆仑玻璃",通过复合离子强化注入,生长出一亿个纳米晶体,从而使整机耐摔打能力增强为过去的10倍。这一技术让Mate 50系列获得全球首个"瑞士SGS五星抗跌耐摔权威认证",网友戏称其为砸核桃的工具之一。超光变XMAGE影像系统,能根据场景自动调节光圈大小,拍出有层次感的虚化大片;口罩解锁功能让疫情下的用户大呼方便。因为这些"黑科技",即便被捆住了脚,Mate 50依然取得了出乎意料的好成绩。

Mate系列持续研发投入,各代产品极力应用极致科技给用户带来全新的体验,将"高性能""极致体验"注入华为品牌的基因。Mate系列手机的发展过程,也是华为终端将技术实力转化为品牌极致科技基因的过程,实现了产品与品牌的相辅相成、互相成就。

互动问题

1. 您使用的哪些品牌是有极致科技基因的？
2. 这些科技真正地方便了您的工作和生活吗？
3. 刘慈欣说人类最大的危机来自科技停止进步，您认同这个观点吗？

本节金句

Mate系列手机的发展过程，也是华为终端将技术实力转化为品牌极致科技基因的过程，实现了产品与品牌的相辅相成、互相成就。

1.3 品牌的"心法"与"技法"

1.3.1 品牌"心法"

品牌文化在磨炼中成形

精神内核虽然无形，但有着强大的作用，它体现在企业管理层以及企业员工的精气神里，体现在企业价值观和经营理念里，如同种子在拥有阳光、水和土壤的环境中生根、发芽、结果，如同人带着自己的价值取向，在成长的不同阶段，选择走上不同的道路。

各行各业的领军品牌都有着独具特色的精神内核，而这种内核往往体现在企业口号中。体育用品公司耐克"Just do it"，追求自由、个性化的运动员精神。娱乐公司迪士尼"制造欢乐，传播欢乐"，公司形成米老鼠、白雪公主、阿凡达、加勒比海盗等一系列IP培养和变现的闭环，在赚得盆满钵满的同时，给各国人民带去了欢乐。汽车公司奔驰"一流的质量，一流的服务"，自成立以来，一直以其完美的技术水平、过硬的质量标准、层出不穷的创新能力令人称道。苹果公司的"Think different"，乔布斯时代的苹果公司成为创新的典型代表，人们每每想到苹果就想到创新。

写这部分时，我又重新研读了《心经》《坛经》等精神领域的经典，希望能够获得一些启发。当再次读到六祖惠能在剃度前的那句"不是风动，不是幡动，而是仁者心动"时，始终不能领会，但看到一段乔布斯与乙川禅师的对话后，似乎明白了其中深意。乔布斯问禅师："如果我在硅谷创业，就得奔波劳碌，内心无法平静；我也想去日本修禅，可青灯古佛下无法施展抱负。请问大师，我该如何决断？"禅师先引用了六祖惠能的这句"不是风动，不是幡动，而是仁者心动"，然后说，"一切万法，不离自性。去吧，既然心向往之，还有什么可挣扎的？全心即佛，心佛无异"。有了这样的精神作为内核，乔布斯虽处闹市，却能去除喧嚣，回归清澈，照见了创业与创新的本质。

华为终端初期是做运营商定制的，产品定义在很大程度上由运营商决定，自己则更加关注技术、质量、成本等理性的内容，少有精神层面的思考。2011年年底的三亚会议决定华为终端将致力于做自有品牌手机，聚焦做精品，"做全球消费者喜欢的科技品牌"，这时就绕不开精神内核了。

作为一个远离主业务的边缘部门，华为终端有一群任劳任怨的奋斗者。他们从2003年到2013年，十年如一日，走过从微利的运营商定制机到中高端精品手机的探索之路，一路踩过无数的坑：口碑不错，但才卖了50万台的P1、错失上市时点的极致性能的D1、海思K3V2导致发热的D2……通过这些经历，可以看到华为终端在夹缝中求生存的状态。但不管 B to B 模式还是 B to C 模式，以客户为中心，去积攒自己的技术和研发的实力，并且围绕客户需求不断调整自己的方向和发力点，这一点始终是终端人所坚持的。当客户的定义发生变化时，需求的变化牵引出了系统性的变革，包括精神内核。

华为终端在更换了几届CEO后，2013年余承东接任CEO。他有点理想主义的色彩，常常在团队尚没有具备能力的时候，自己就先冲到山顶，喊出了远高于现状的目标。我作为一名终端的员工，初期也觉得新领导有点太高调了，不太了解终端行业，也有点不切实际。在内外部一阵阵质疑声中，可想而知CEO余承东所面临的压力有多大，但好在有任总做定海神针，加上华为终端队伍的强大执行力，在经过一场又一场的艰苦战役后，发现完成咱们CEO定的目标也不是不可能。余承东在一次采访中说道："说话不留余地，逼自己和团队背水一战，结果却做到了。"尤其是在经过若干次的尝试后，P6和Mate 7的胜仗让团队士气大振，更加坚定了变不可能为可能的决心，并迅速总结复盘打法，供后续的产品借鉴。

在内部，大家都被总裁余承东的两点特质折服。第一是其身经百战后对商业的敏锐度，借用一个时髦词汇就是"有极强的商业体感"；第二是其"置之死地而后生"的决心，进入心无障碍的境界，全力聚焦在如何解决一个个难题，且每一次尝试和失败后韧性还在。

华为终端在2013年的世界移动通信大会上发布了"Make it Possible"的全新品牌理念，中文为"以行践言"，来源于《墨子》。余承东对此解释称，华为从创立以来就坚持两个基本精神：一个是客户导向，一个是奋斗精神。这两个理念从没有改变。"Make it Possible"就是这个理念的延伸，"以行动来证明说过的每一句话，把不可能变为可能"。

精神内核有一个由内而外，逐步蔓延并深化的过程。继P6面对iPhone 5成功破局，Mate 7取代三星在中国市场占领高端商务机市场后，Mate 8在发布会上唱响了*Dream It Possible*（梦想成为可能）："I will run. I will climb. I will soar. I'm undefeated. Jumping out of my skin pull the chord…"当这首歌随着华为手机铃声流传开来的时候，华为终端的精神内核也逐渐地被大众所接受和喜爱。

"以行践言""梦想成为可能"只是用不同的语言表达了华为终端的那股向上的生命力量，而这种对理想的坚持和对梦想的追求，让大家产生了共鸣。他们说前面没有路了，我们说是吗？路不在脚下，在心里，可能路上满布荆棘，可能风暴随时来袭，可能我会迷失，但我的信仰不会动摇。

品牌的精神内核与企业的价值观完美匹配，隐藏在其中的是一种不服输的精神。虽然无形，但真实而强大，契合了消费者内心希望能够面对挑战、实现梦想的心理，任何人都可以是生活中的英雄。

用品牌和消费者形成心的联结

品牌的战场在哪儿？答案只有一个，那就是人心。得人心者得天下，离心觅菩提，宛若求兔角。人不仅仅是理性的，更多时候是感性的。比如，同样是从a点到b点的交通工具，从万元的奔奔到百万元的奔驰都可以满足需求，但很多人还是选择奔驰，除了性能的考虑外，更多包含了诸如身份地位、个人品位等情感因素。就像曾经彻夜排队购iPhone 4的人，其实是为了乔布斯所带来的革命性产品而来。在此基础上，情感与共鸣是品牌能够占领人心的原因。当女朋友过生日的时候，男生愿意送给她一款华为P6，他只是想表达她在自己心目中的美。很多抢购Mate 40 Pro的人，内心被顽强的生命力所感染，胡杨的那抹绿色或者黄色不再只是颜色，而是唤起了他们对拥有顽强精神的人、企业的认同。

一个品牌能够真正地成为一个让人喜欢的品牌，不是因为做了多好的广告，也不是因为做了什么样的宣传，而是因为做对了应该做的事，坚持了应该坚持的事，在一定的历史环境和特殊的场景下被大家看见，继而被接受和认可。当大家尊重并发自内心地认可这个品牌，此时品牌才赢得了声誉，赢得了人心。

另外，爱惜品牌的企业通常都是长期主义者。

华为品牌在与用户沟通的过程中，非常注重与消费者内心最深层的互动。以旗舰机Mate 40为例，在旗舰机的营销过程中，每出品一张主视觉图、推出一个视频、开展一个活动，甚至取一个颜色名字，都会非常用心，将性能和情感紧紧联结在一起，不断强化华为品牌的内涵。比如取Mate 40 Pro机身颜色的名字时，用了"夏日胡杨"和"冬日胡杨"两个名字。当你看到视频中，胡杨林在沙漠中顽强生长，生而千年不死，死而千年不倒，倒而千年不朽时，

那抹夏日的绿和秋日的黄，带给你的是对生命的敬畏和震撼的力量。同时，华为发起成立了"胡杨林基金"，邀请用户参加"我有一片胡杨林"的活动。2022年3月，又是一年植树节，这也就意味着华为"我有一片胡杨林|甘肃"项目第二年春种即将启动。根据捐赠金额，该年项目地又有9333株小胡杨扎根。期待一起用山水，留下我们这代人的足迹。

2018年，华为的智能机出货量达到2.06亿部。华为手机的销量用了8年时间，增长了66倍！2018年第三季度，华为超越了手机巨头苹果的销量，成为世界范围内手机销量第二的选手！这个数据公布时，现场掌声久久不能停息。很多人情不自禁地流下了眼泪，这个眼泪不只是为自己而流，更多的是为不屈的拼搏精神而流。融入这种不屈的精神洪流中时，你会觉得，即便平凡如自己，也可以拥有强大的力量。因为在路的另一头，我看到梦想在闪光，一路上引领我冲破黑暗，创造由我定义的"可能"。在这条"可能"的路上，我早已做了决定，不去质疑，而是把难关当作前进的动力，怀着开山辟道的勇气，一步一步，不拒不退，将不可能变为可能。

品牌所有工作的最终落脚点，是让品牌精神与消费者的内心产生共鸣！

互动问题

1.您有没有被哪个品牌的言行深深打动并产生共鸣？

2.请您回忆一下各类产品和服务，哪些品牌是您真心觉得不错并愿意推荐给身边朋友的？

本节金句

品牌的战场在哪儿？答案只有一个，那就是人心。得人心者得天下，离心觅菩提，宛若求兔角。

1.3.2 品牌"技法"

品牌规范

对于从2B的通信业务起家的华为，先进技术是第一生产力，最多、最强的资源都投入在产品上。如何建2C品牌，在公司内部没有答案，甚至在全球也没有哪一个2B公司能将2C品牌建好。没有方法论和足够的资源，只能踏踏实实地从品牌的基本动作开始做起。

最重要的基本动作就是建立企业辨识系统CIS。华为终端的做法跟很多品牌一样，也将企业辨识系统CIS分成三大部分：第一部分企业理念识别MI（Mind Identity）是企业辨识系统的精神基础，也是整个企业识别系统的原动力；第二部分企业行为识别BI（Behavior Identity）是企业理念在企业产品开发、生产、销售服务、品牌宣传等方面的具体体现；第三部分企业视觉识别VI（Visual Identity）将企业识别的精神及特征在视觉上充分表达出来，达到让客户清晰识别和认知的效果，针对市场产生作用，是整个CIS中最为直接的一环。

华为VI管理的一个特点在于，旗下三大业务单元共用华为品牌，但客户类别分别覆盖运营商、政企和普通消费者。这就引出了一个难点：既要有品牌一致性，又要有匹配目标客户的差异化。如何让集团和三大业务单元的品牌管理协同是解决问题的关键，其中会涉及反复的沟通和跨团队联合作业。其中VI的色彩和图形均可反映品牌的属性，任何的调整都必须非常谨慎。以logo为例，第一代华为logo，有人会觉得像红色的太阳，也有人觉得跟壳牌logo很像。2006年集团启动了对logo的升级，在备选方案出来后，进行了广泛的沟通和意见收集。比较一致的意见是，因为业务类型变得更多元，logo需要在传承的基础上显得更加现代和活泼。最终集团将原来的15片花瓣变成8片，造型更加丰满圆润，"华为技术"变成了大写字母"HUAWEI"，渐变的光晕设计使图案更加自然灵动。第二代logo以简洁现代的风格，传递了"聚焦、创新、稳健、和谐"的理念，大家都很喜欢这次的调整。logo调整的同时，集团也配套对品牌整个VI进行了调整，对基本规范、印刷出版、展览展会、多媒体应用、招牌等制定了规范。华为终端则在遵守集团规范的基础之上，就终端差异化的场景输出了配套的VI规范。第三代华为logo整体造型没有什么变化，为了适应终端在数字媒体和网络平台的应用和传播的需要，给终端专用的logo增加了纯色配色方案，并对字母进行了微调，视觉上更舒服。当然制定规范很重要，但更重要的是执行规范。集团和终端内部都会定期对VI规范的使用进行巡检，出具审视报告，对问题进行纠偏。

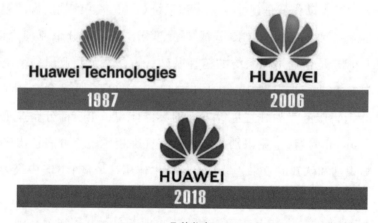

品牌指标

品牌指标是牵引品牌工作的有效方法，比较通用的品牌指标是下图所示的品牌AIDMA漏斗模型。

华为终端为了能更加立体、全面、动态地掌握和管理品牌，还启用了另外三套指标体系。

一套是品牌认知评估模型，即无提示第一提及(First Mention)、无提示提及（Total Unaided Awareness）和整体认知度（Total Aided Awareness）。通过这套评估模型，能更清晰地了解品牌认知的程度。

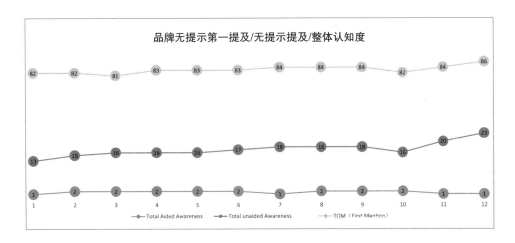

还有一套是品牌在促进购买上的ACPP模型,即将对品牌的评估分成:认知(Awareness)、考虑(Consideration)、偏好(Preference)、首选(Primary Use)四个阶段。这套模型很好地反映了品牌对产品购买的拉力。

品牌ACPPN 模型	A	B	C	D	E
Awareness	97	86	93	94	92
Consideration	78	32	33	43	32
Preference	46	5	7	13	7
Primary use	29	8	11	17	12

第三套是用户对品牌的感知模型,反映用户心目中品牌的个性和形象。通过这个模型评估对华为在不同阶段希望建立的品牌形象是否达到预期,比如初期的科技感、潮流感、年轻感和后期的高级简约、中性内敛等。

基于以上模型,每双周对样本进行调研并输出报告,来了解整个品牌感知度的变化情况。

另外,还有两个很直接的品牌力的评估指标,一个是品牌溢价,简单说就是同样的功能,消费者愿意多掏多少钱购买;另一个是品牌议价,简言之就是你在商场开店，能够拿到什么样的店租优惠。

品牌Campaign的有效打法

融入旗舰产品做品牌传播。从品牌的生命周期来看，在品牌发展初期，品牌知名度跟市场份额之间有着非常强的关联。2013年所有的品牌资源集结到旗舰产品P6，共同推动P6在欧洲市场的销售，最终P6成为华为在欧洲卖得最好的机型，合作的渠道商都获得了很好的盈利。因为品牌形象和品牌基因都很好地融入了P6的上市过程，华为品牌在欧洲市场随之获益，知名度由2012年的25%提升到了52%，并进入了中高端品牌的阵营。这个例子是典型的旗舰产品推动了品牌影响力。而当企业跨越早期的大众鸿沟，市场份额达到10%以后，品牌的势能就逐渐构筑，可以形成拉力，反向促进产品的声量和销量。

高举高打。要想成为国际化品牌，到底怎么做，这是个技术活儿。华为终端选择了高举高打，直接从国际化的展览和展会切入（比如巴塞罗那展、美国的CS展等），到国际化的舞台上，直接与全球top品牌同台竞技。其中核心的原因在于品牌高地在欧美，获取信息的高位也在欧美。如果你在这些地方去亮相和传播，和国际化的大品牌站在一起，并且有与之竞争的实力，那么你获得的品牌声量将来自于欧美国家主流媒体，而这些主流媒体将影响全世界的客户对品牌的认知。

形成种子人群的深度认同，然后扩散到周边。关于高端品牌，其实很多时候并不是因为你需要这样一个高配置的产品，甚至即使你需要一个相对高端的产品，你也没有做太多的专业的选择，而会看身边人的选择。如果此时大家都抢不到，而你能够买到，你会觉得买得非常合适、非常划算。所以这种相对热销的情况也会催生一定的购买冲动，让大家更愿意去下单购买，出现买涨不买跌和抢着买的现象。

系统化作业。为了有效地积累品牌资产，所有品牌和营销活动的开展，需要做系统性的架构设计和体系化的管理。华为终端将品牌和营销活动纳入分层分级的管理体系。其中最上层称为program，强调整体的规划，比如P系列的拓展，可以称为一个大的program，促使P系列所有的营销活动都指向品牌资产，形成连贯性，并有效促进产品销售；第二层称为campaign，是颗粒度较大的相互协同战役，比如P10的上市campaign中会包含品牌管理、事件营销、媒介、PR、Digital等多职能模块的配合，致力于达到产品声量的迅速提升；第三层称为activity，是相对独立的单个活动，比如nova 10的发布会筹备和落地，重在创意和落地执行，目标是确保发布效果的达成；第四层则具体到一个一个的交付件，称为offering，比如nova10的KV，需要做到及时和高质量。

品牌Campaign的无效打法

强调自己国家的元素。在品牌建立初期，HUAWEI的发音在很多国家是个问题，其中"H"不发音让"华为"听起来像"哇为"。我们在A国启动了"Who Is Huawei"的活动，希望借此活动让消费者了解华为。年度会议交流后，大家觉得这是个不错的办法，G国小伙伴们也就这个命题展开了实践。为了让消费者记住华为品牌，小伙伴们尝试用品牌的中国元素吸引眼球。在一次当地运营商组织的展会上，大家将中国的舞龙灯、教写汉字名等活动搬到了展会现场，确实引来了不少看热闹的人群。但在那个中国产品与廉价产品画等号的年代，这么做又能给自己的品牌增加多少好感呢？

事无巨细地讲产品。华为终端团队曾经有一个误区：讲品牌不知道讲什么，索性就讲清楚自己的产品吧。于是所有的产品上市前，必做的资料包里一定有产品ID视频和功能视频，后来做又衍生出来Lifestyle视频。当时的产品很多，但功能差异并不大，所以出来的视频也往往雷同。更大的问题是，这些视频能播放给消费者看的机会很少。但按照惯性，这类工作还是例行做着。看着什么都做了，但利用率很低。

华为品牌成长的里程碑

在品牌心法和技法的牵引下，在与运营商BG和企业BG相互作用下，华为终端业务成为华为品牌最强大的助力。我们可以从第三方机构的品牌排行榜来看其品牌价值的变化里程碑。

《财富》评估全球大型公司的最权威、最知名的榜单世界500强，2010年华为排名第397位，年销售收入26.7亿美金。这是华为第一次进入世界500强。然而在2010年华为进入世界500强，主要的动力来自网络设备。华为终端把"华为不仅仅是世界500强"的传播口号放到了所有的终端门店，借此来提升消费者对华为手机的信心。

2017年华为进入《财富》世界百强。华为以785亿美元的营业收入排名第83位，首次进入前百强，较上一年提升了46位。随着旗舰产品系列的畅销，终端的收入已经占华为整体四成以上。这个时间点标志着华为终端开始成为华为品牌增长的强劲动力。

在经受了美国最残酷的打压后，2021年可以说是华为非常艰难的一年，

而"2021年凯度BrandZ™全球最具价值品牌100强"排行榜上,华为依然在第50名。

而国际品牌咨询机构Interbrand公布的2021年全球最佳品牌排名中,前100个品牌中中国上榜品牌仍然只有华为。

2023年1月9日,国际权威品牌价值评估机构GYbrand发布独家编制的2023年度《世界品牌500强》榜单,来自33个国家的500个品牌上榜,其中美国有186个,中国70个,中美两国入选品牌占了500强名单的51.2%。其中华为位列第5名,创造了历史新高,主要得益于华为品牌麒麟芯片+鸿蒙系统+双模5G……越打压越强大,再次崛起的华为展现出来的韧性与刚性令人震撼。

2023年度GYbrand《世界品牌500强》排名前十

排名	变化	英文名称	中文名称	国家	行业	品牌价值（亿美元）
1	/	Apple	苹果	美国	科技	3302.78
2	+2	Microsoft	微软	美国	软件	2815.32
3	-1	Google	谷歌	美国	互联网	2723.50
4	-1	Amazon	亚马逊	美国	零售	2376.14
5	/	HUAWEI	华为	中国	通信	1531.61
6	+1	Walmart	沃尔玛	美国	零售	1180.29
7	-1	SAMSUNG	三星	韩国	多元化	1019.03
8	+1	ICBC	工商银行	中国	银行	830.86
9	+1	TOYOTA	丰田	日本	汽车	704.45
10	+1	Mercedes-Benz	奔驰	德国	汽车	687.97

制表: GYbrand全球品牌研究院 (10guoying.com)

从数据可以看到,在复杂的全球经济形势下,GYbrand世界品牌500强中的品牌价值连续三年增长缓慢。而随着中国经济的稳定增长与品牌全球化发展,越来越多中国品牌的影响力与日俱增。此次中国共有70个知名品牌入选,其中最年轻的十大品牌中国占了五个:拼多多、字节跳动、美团、宁德时代、小米;而茅台、中国中车、中国邮政、五粮液、交通银行等则是500强里面的百年品牌。从中国制造到中国品牌,中国企业呈现出了良好的成长态势,逐渐走向国际大舞台中央。

排名	国家	上榜数量	变化	百分比	知名品牌
1	美国	186	/	37.2%	苹果、微软、谷歌、亚马逊、沃尔玛、特斯拉、脸书
2	中国	70	+3	14.0%	华为、工行、腾讯、国家电网、建行、农行、中国移动
3	日本	38	-2	7.6%	丰田、本田、NTT、索尼、三井、三菱、日立、松下
4	法国	34	-2	6.8%	路易威登、道达尔、安盛、香奈儿、爱马仕、欧莱雅
5	德国	28	-3	5.6%	奔驰、宝马、大众、保时捷、安联、德国电信、奥迪
6	英国	26	-2	5.2%	普华永道、英国石油、联合利华、沃达丰、永安、汇丰
7	瑞士	18	/	3.6%	雀巢、瑞银、安达、百达翡丽、罗氏、爱彼、劳力士
8	意大利	13	-1	2.6%	古驰、法拉利、忠利保险、葆蝶家、菲亚特、埃尼石油
9	加拿大	12	+1	2.4%	皇家银行、道明银行、丰业银行、庞巴迪、贝尔集团
10	韩国	9	-1	1.8%	三星、现代汽车、LG电子、SK集团、起亚、乐天

制表：GYbrand全球品牌研究院（10guoying.com）

互动问题

1.请您谈谈品牌价值位居世界500强前三的苹果、微软、谷歌，到底强在哪儿？

2.世界500强中你最喜欢的新进中国品牌是哪个？为什么喜欢这个品牌？

3.世界500强中你最喜欢的百年中国品牌是谁？你觉得该品牌能做到百年的原因是什么？

本节金句

从中国制造到中国品牌，中国企业呈现出了良好的成长态势，逐渐走向国际大舞台中央。

1.3.3　营销是品牌与客户的沟通

现代管理学之父彼得·德鲁克曾经说过，营销是一种投资，致力于连接企业与消费者，是通过信息沟通实现交换的工作。

整个营销的过程可以分成这样几个阶段：品牌找到合适的传播渠道、用合适的内容进行云端轰炸，引起消费者的重视，但并没有跟他们产生实质性的连接；然后消费者自主去搜索和了解这个产品，内心形成对它的比较和一定的关联性，并可能成为消费目标；最后消费者到店里面去购买产品，把它变成自己的一部分，同时去体会产品带来的便利和服务。产品一步一步从云端落到了海面和陆地，落到了真实用户感受。

华为终端强调的是整合营销，基于品牌定位和品牌规范，传播有形的产品内容和无形的品牌精神，与消费者实现连接与沟通，以期获得消费者对品牌的认知、认同和喜欢，并促成购买行为和忠诚度的形成。在华为终端，营销按照传播的内容分为品牌营销、产品营销和零售营销；按照传播手段分为PR、数字营销、媒介和视觉；按照产品上市的节奏分为上市预热、发布、热销和长尾。不论从哪个维度对营销进行分类和管理，要想真正实现品牌与消费者的沟通，最终都将归结到内容、渠道、效果这三个方面。

内容

华为营销的内容制作经历了漫长的发展过程，越来越贴近消费者。最开始的P1"白马撞老头"，很多人表示没看懂。到了搭载超感光徕卡四摄的P30，仅用30秒就讲清楚了"瞬间拉近美好"的变焦功能和"身处黑暗也能光彩四射"的超感光暗拍。到了P40 Pro更是在不同场景上演"在家当导演，手机随手拍大片指南"，让厨房烹饪、球场运动、童年游戏处处都能拍出大片：教你如何用慢动作拍摄人物和食物的运动状态、教你如何用转椅制造滑轨效果、如何从不同的视角营造视觉冲击效果、如何巧用多摄像头让多场景组合……真所谓"生活就是大片一部接着一部"。这样的沟通中没有一句让你买手机，但你情不自禁地就想拥有一部这样的手机。

除了精美的广告主视觉或者广告视频,内容植入也是非常好的营销方式,比如说大家都会去关注《来自星星的你》中帅气男主角穿的衣服、《欢乐颂》中商界精英女主角用的手机,也希望拥有他们的同款。实际上内容植入是一种更隐形的方式,更有吸引力,品牌去找模特拍广告,消费者一看就知道在做广告,但是当他们喜欢的明星也在用这一款产品的时候,产品就会有非常大的吸引力了。所以说未来的广告会慢慢地通过这种渗透和植入的方式来实现。

作为一个大众消费品牌,也会吸引很多媒体的关注并产生大量的相关内容。这些媒体包括传统媒体,比如电视(尤其是新闻、娱乐等频道)、报纸(综合类、商业新闻类、财经类)等,也包括纯线上的新媒体,如当地官方媒体、大型跨国跨区域媒体以及新兴的民间媒体(如科技类自媒体)。输出的形式包括采访类的文章、故事、大会报道等。媒体的创始人、资深媒体人、自媒体人等有着自己的观点和受众,是内容创造的生力军。

华为终端的PR部门充当着与媒体沟通的生力军。PR部门在深圳总部、各大研发中心、全球各大发布会现场都会安排采访和交流,让外界更了解华为终端,呈现现代化的友好的公司形象。交流的内容涵盖"品牌和商业""手机和移动宽带等产品介绍""产品设计理念"等方面的沟通和问题回复。华为终端内部通常是极为重视媒体接待工作的,参加媒体访谈的人都经过发言人培训，被要求聚焦提纲的关键信息，聚焦跟公司业务发展有关的话题，对于各种商业数据的引用和公开过的信息保持一致，并强调严格遵守各国的法律和法规。

用户自制内容（User Generated Content，简称UGC）是更有穿透力的传播素材，即用户将自己原创的内容通过互联网平台进行展示或者提供给其他用户，会带来更多的分享。比如一个大学里如果有一个用户使用华为手机的微距拍照功能，并且把作品分享到班级群或者朋友圈，那么很快就可能带动整个班级开始使用华为微距拍照的功能。这是一个非常清晰的强场景，传播和参与的行为都很简单，这样才能形成有效的用户裂变。华为运动健康的跑步数据、华为手机的tag设计、华为照片的水印设计，都是消费者参与到内容制作和传播的成功例子。随着数字科技的发展，大众传播和自媒体让信息的来源和发布途径越来越多元化。网络博主、UP主（在网络平台上上传视频音频的人）、直播主播等成了一股不可忽视的力量。企业也因此有了新的传播渠道，从而不必完全通过付费媒体来进行营销传播。

随着技术的发展，人工智能创造（AI Generation Content，简称AIGU）可以利用AI技术自动生成内容，成为继UGC、PGC（专业生产内容，Professional Generated Content）之后新型的生产方式。因为其效率高且更具个性化，AIGC也成为内容创造大军中的一股新力量：电商平台在大促活动期间，通过人工智能去做促销海报，针对不同人群输出个性化的、更容易打动用户的文案和配图；短视频平台提供AI画画生成背景图的便捷功能等。

另外，国际化的公司在每个市场的内容制作会有差异。怎样让内容沟通更接地气，被消费者所记住，需要本地团队开展本地化的工作。比如在马来西亚，直接说"日本制造""日本品质"，这种很直接的方式反而让产品广为传播和记忆。华为手机的本地团队成员自己使用双摄手机，让"智慧双摄"等很多关于双摄的词落地到传播里面，并且请来了当地的知名歌星和词作者去演绎华为的歌曲，在当地最重要的电视台播放。

华为终端和其他一些广告主开始系统地思考内容策略。比如内容矩阵方面，高成本、小数量的品牌内容与低成本、大数量的草根内容的融合；创作者融合方面，自上而下的明星和专业机构融合，自下而上的UP主、KOL（Key Opinion Leader，即关键意见领袖，营销学上指拥有更多的产品信息、对某群体的购买行为有较大影响力的人）、KOC（Key Opinion Consumer，即关键意见消费者，对应KOL，一般指能影响自己的朋友、粉丝等产生消费行为的消费者）融合；全链内容管理方面，具有生产、管理、监管和分发全链路能力的视频在未来数年将继续承载最大信息量，现在这种视频根据长度被切割成长、中、短三种形式。将这些不同形式和内容与创作者能力相整合，将是广告主构建流量深层能力的关键。例如在B站做手机品牌产品发布，同时整合了直播发布会和UP主的创意内容、明星的音乐内容以及IP的内容，形成了品牌内容、效果广告和内容营销的资源整合。可见，全面理解不同传播渠道和不同内容形式的特点，能更好地打出组合拳。

渠道

特点一：媒介渠道形态多样化

近年来移动网络和智能终端高速发展，大量新媒体形态不断涌现，打破传统媒体概念的边界，不断丰富媒体的功能和内涵。

新渠道之一为社交媒体。这类媒体与受众交互方式不断创新，包括弹幕、转发、评论、点赞、生活和消费分享等，让品牌更容易与消费者形成互动。B站、微信朋友圈、小红书都算是社交媒体。很多新品牌完美地应用了新渠道来迅速建立品牌。比如一夜之间走红的元气森林气泡水,就是将年轻人聚集的小红书作为重点媒介渠道,构建起品牌拉力。而被小红书覆盖了的目标客户,走到便利店看到"0糖0卡"的清新包装,自然顺手就买来喝了。如此品牌销量可谓迅速崛起。

新渠道之二为智能手机。2019年各行业Top 10数字媒介中,大量出现了以往陌生又熟悉的名字:华为、荣耀、小米、OPPO等。终端设备原来作为电子工具而存在,但是随着技术的演进,它们逐渐具备了特殊的数字广告资源,成为广告主的又一个选择。现在智能手机已经开发了锁屏杂志、负一屏、智能短信等广告形式。智能手机广告具有三大特点:流量大且高度集中,其中国内市场华为、荣耀、OPPO、vivo和小米占据了超过70%的市场份额;使用时间远超任何APP;干扰低且独占所有感官。正是基于这几个特点,智能手机广告被很多广告主青睐,开机广告、负一屏广告、产品创意式广告等受到欢迎。

新渠道之三为OTT+IoT,最常见的是家庭场景下的智能电视大屏广告。智能电视广告有着"大屏+强曝光"的优势,在50英寸屏幕上看广告的震撼力肯定好过其他屏上的效果,尤其是"开机+首页"融合的创意广告形式。同时随着智能家居的发展,穿戴设备等IoT设备的广告功能也成熟起来,OTT+IoT会形成跨屏幕、跨视觉的强体验广告模式。随着5G时代的到来,AIoT设备的普及会带来更多的媒介渠道的变化,商场里那个给你做语音导航的机器人,未来可能就是新的媒体渠道。

特点二:传播和购买之间的链路变短了

传统的广告是希望提升你的注意力,让你知道它,了解它,喜欢上它,然后考虑购买它,这是一个比较长的链路。现在的广告形式已然发生很多变化,电商直播对于数字媒介的最大意义是改变了原来松散的品效连接方式,直播能在极短时间内建立受众对于品牌和产品的认知。在快手、抖音等短视频+直播平台上,直播可以融合短视频和电商形成链路闭环。边看边买就是这样的全链路闭环形式。

你刷到一条短视频的时候，如果说你的爱豆正好在用一款手机，而你一旦点击了购买链接或点暂停播放，包括产品的介绍、交易渠道、价格等信息都弹出来，你点击一下就可以买了，这样一来链路变得很短。淘宝直播、抖音直播的火爆也进一步缩短了传播到购买的链路，推动了"所见即所得"的实现。因为把握住了用户信息需求和交易体验中的重要时刻，从而构建了便利的购买或转化路径。

特点三：媒体形态的区域性差异明显

不同的国家，媒体发展的阶段不同，所以传播渠道的选择需要因地制宜。比如马来西亚跟中国的差别比较大，他们非常依赖电视，人们会花很多时间看电视。前期我们做了很多传播的尝试，但是都很难形成比较好的效应，后来发现在做传播的过程中不能哪里都投，需要在一个渠道去渗透，所以选择在电视台进行大力的投放，最终在当地引起了比较好的反响。

特点四：中国需要发展新的媒体使用方法论

传统大众媒体营销的时代，我们借鉴学习西方的营销理论和经验，国际品牌和4A公司带进中国的营销方法论（包括媒体的测评、策划、选择等），在过去20年指导了无数企业在中国市场的营销策略和行动。而现在，中国拥有全世界最复杂的媒体渠道，从庞大人口基础上衍生出来的海量媒体形成了复杂的生态体系，无论是媒介的数量、类型还是形态都是世界领先的。在营销上不再有可跟随的学习方法，中国亟须自行发展出移动时代、数字时代属于自己的媒体使用方法论。

效果

营销是介于品牌、产品和销售三者之间的桥梁，好的营销需要借由打动人的品牌故事和清晰的产品功能展示，带来源源不断的销售增长。而营销投资既可能带来短期销量的"提升"，也可能带来长期的品牌形象、客户偏好和忠诚度的"升降"。而短期和长期之间，很多企业把握不好，常常顾此失彼。

一方面，有的营销活动为了吸引眼球，无所不用其极，例如夸大其词的

"标题党"、拿着喇叭大街小巷喊着手机上市宣传语等手段,带来销量的短期上升的同时却是对品牌的长期伤害。

另一方面,当人类还在集市购买产品的时代,商标(brand)烙印在产品上,商标的扩散与产品的销售同时发生,即品牌传播与销售同时发生,"品"和"效"合一。但当媒体日趋复杂,"品"和"效"隔着长长的传播链路,很难找到"品"和"效"之间的映射关系。

十几年前做 Marketing 的时候会用工具做品牌和效果之间的各种归因分析,今天这个传统的研究方式已经失灵了。例如新品上市,从最开始的产品研发、消费者市场洞察,到产品上市,按照传统的方法论来看,大概需要 2—3 年。但现在的产品品类呈现指数级的增加,产品上市和迭代的周期变得非常短。现在各个渠道细分,并且存在互联网的围墙花园,很多数据很难拿到,也没有闭环,怎么办呢?

在电商逐渐强势的今天,品牌广告的效果不便评估。这就带来了一个非常明显的趋势,那就是品牌广告数量大幅下降,而效果类型的广告,包括站内竞价的广告,以及社交媒体上的效果广告占比大幅上升。原来只做内容的抖音直播也开始停止外链,发展自营电商。所以大的趋势是什么?整个品牌营销或者品牌广告在下行,大家对效果的需求在大幅度提升。

到底如何评价营销效果,不同的行业会发展出不同的方法。其中阿里的消费者资产 AIPL(awareness、interest、purchase、loyalty)模型,有效地利用数据,做到营销价值闭环。

但阿里的这套营销效果评估方法仅适用于线上。像华为终端这种多沟通渠道、多销售渠道的公司,需要兼顾的方面更多。第一个是"上和下",即线上和线下,线上链路比较容易得到,所以线上比较容易形成衡量的闭环,比较容易应用营销科学。线下渠道是零售商提供的,终端成交数据不在华为这里,所以比较难。第二是"内和外",即怎么样衡量站外的效果对站内的影响,用站内数据反向推导站外需要做什么。

作为营销管理总监,我提出了自己的见解并被采纳。整体来看,可以将营销的投资分成三种维度去看效果，短期是对声量和舆情的影响，中期是销售达成的影响，长期来看的话会落到品牌。短期效果的评估指标包括声量、转发、评论、点赞；中期效果直接看销量增长和对产品的主动搜索量；长期效果则考察品牌认知、偏好、考虑、首选，以及品牌复购率、推荐率、连带销售。这些都是在发展过程中积累起来的一些可衡量并且能很有效地说明问题的指标。有了短、中、长期的三维衡量体系，接着就是要获取准确的数据。好在今天的数字技术给我们带来了便利，再借助营销科学、营销技术、广告技术，结合传统的销售数据和调研数据，营销效果的评估就更加及时和准确了。

以上都是"仗"打完之后的评估，但实际上"仗"还没有打之前也有评估方法。市场上每天都会有很多新的品牌出现，原本强大的品牌会因商业竞争失败而退出市场，也有一些新的品牌顺势而起。而退出和崛起的背后，有两条原则非常重要。那就是大鱼吃小鱼，快鱼吃慢鱼。大吃小，取决于大企业有能力承担风险更高的广告预算，从而实现强度压制，就像战争中四个打一个当然胜出的概率会更大。快吃慢，则针对很多掌握了新的渠道和新的技术的品牌来讲，传播的效率更快，你可以从另外一个纬度取得先机。所以通过资源的多少和方法的快慢，在开战前是可以对结果进行预判的，从而实现先胜而后战，提升赢得商战的概率。

互动问题

1.您觉得企业的哪些营销费用花得有价值，能帮助提升品牌和产品的溢价，哪些费用完全可以不投？

2.哪些华为或者其他品牌的营销素材让您印象深刻，让您产生了共鸣？

本节金句

不论从哪个维度对营销进行分类和管理，要想真正实现品牌与消费者的沟通，最终都将归结到内容、渠道、效果这三个方面。

1.3.4 零售是卖货，也是品牌传播

从零售本身来看，有三层意义。第一层是最单纯的理解，即让产品流通起来，流向最终需要的人，而不同的时代和地区，由于人流所在的地方不同，从而形成了不同的零售流通渠道，比如传统的集市、大学里的跳蚤市场、专卖店、便利店、大商场等等。第二层就是后面发展出来的围绕消费者购物流所进行的线上线下综合设计，包括搜索、比较、选择、购买、评价等所有环节。第三层就是品牌厂商将品牌传播、产品体验、产品售卖、服务等元素结合起来的综合型零售业态。

华为终端的零售工作，大体也是按以上三个层面分阶段推进的。第一阶段，为了能够开展零售工作，那时华为零售团队做了很多与业界零售标杆对标的工作。印象最深的有两家标杆，一家是日本的无印良品。无印良品将精细化运营、顾客、产品选择、陈列以及生活方式的传递等等做到了极致。每次走进无印良品的店，都会感觉到禅的思想，通过简约而不浪费的商品设计，让顾客感受到无印良的品质和品牌风格。另一家是苹果，这家高科技企业将直营店作为品牌传播的道场，也将其当成非常重要的获取一手反馈信息的渠道。苹果直营店的店员从来不像其他地方的店员那样推销产品，而是凭借极致的设计与体验，让直营店成为城市的地标。当新产品发布后，每家店门口都会排起长队。

经过深入的分析后，我们发现华为零售体系如果初期就向无印良品和苹果等公司学习，那一定是死路一条。无印良品无加盟的合作方式，全是自营。因为定位成杂货商店，所以产品SKU涉及生活的方方面面。因为有丰富的产品，所以客流和店铺流水会比较有保障。苹果自营店通常是在新品发布会的一个月里，靠产品的供应优势，就可以赚足全年的利润，从而能够很好地维持门店的运营，所以门店的营收不是重点，重点是品牌的形象和消费者对品牌的反馈。而初期的华为很难达到无印良品和苹果的产品丰富度和畅销度。

基于品牌现状，华为在第一阶段的零售没有选择自己开店，而是踏踏实实去跟各种形式的零售商合作，从专柜、专区、店中店开始，然后到大一些的授权店。打法一旦确定，就是义无反顾地执行。在各地设置零售经理，建立督导和促销员队伍，深入各个地市的角角落落去踩点，去找合作伙伴交流，去签订合作协议，去建立门头、专区、专柜形象，去给零售网络输送促销人员。

通过合作形式解决了店面数量和覆盖的问题后，零售团队开始思考如何从整体上提升零售的作战效率。2012年从海外调回国后，我被安排在零售团队，开始承接这个命题的研究和落地。经过对比和分析，团队引入了外部的消费者购物旅程（shopper journey）方法论，全流程地去做零售工作的动作分解，针对消费者从了解、互动、体验到购买和分享的全过程，一一对应梳理出吸引、拦截、体验、成交、延展等策略。

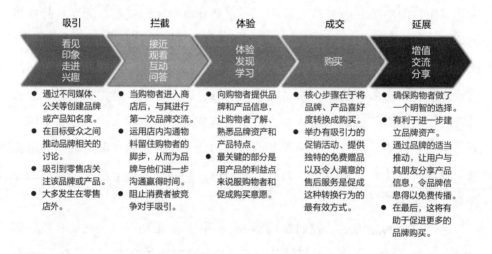

以促销人员的销售技巧培训这项工作为例，培训中将"吸引"环节拆解为派单揽客、促销活动揽客；"拦截"环节拆解为欢迎词、口号、介绍产品、促销信息、互动信息；"体验"环节拆解为品牌介绍、产品主要卖点介绍、了解诉求、解决购买屏障、产品演示、互动游戏介绍；"成交"环节则拆解为促销信息、数据迁移、送赠品；"延展"环节拆解为定期活动、交友、新机测

评。经过动作的分解、培训、反复实战练习、大比武，促销队伍的专业性大幅提升。

另外，为了能在全球落地和推广这套方法论，我们发起了名为"Unlock Possibility"的大型全球新年Campaign，跟一线团队紧密合作，到各个不同的国家去展开一些特定命题的研究和落地。我们跑遍了亚洲、欧洲、北美洲，去做试点，边做边输出方案和总结。为了使消费者在购物过程中获得良好的体验，从陈列的管理、演示、话术，到店面设计、灯光道具等细节去做逐步优化，让客户从一张桌子、一个防盗器、一个渐变色的logo、一款产品的体验APP中都能够感受到华为品牌的用心。

当华为的品牌和产品发展到一定程度后，进入第三阶段，这时才将体验店和旗舰店提上了日程。华为开的第一家自营高端体验店，选址在太原。为什么选择太原？有几点考虑，第一点就是当时整个公司内部对到底要不要做这件事存在很多的争议，如果选择一线城市，无论是从投资回报，还是从店内的创新体验设计，都很难有必胜的把握。选择太原是比较稳妥的一个方案。另外一个原因就是当时在可供选择的方案里面，太原这个选址评分相对比较高。毕竟那个时候华为拿不到后来旗舰店那样的一流位置，这也是一个客观存在的因素。

负责零售开店的主管卞德波，代表总部对接在太原开体验店的相关事宜。跟他聊天时，卞经理提到其中坎坷的摸索过程，为后续的开店工作积累了很多的经验和教训。比如说当时做了一个VR体验道具跟场景设计，但不是很成熟，后期都废弃了。盈利在当时也是个很大的问题。

开店不能只是赔本赚吆喝，不盈利是很难持久的。如何让店盈利这件事儿，涉及的方面非常广，选址、选品、店面形象、店面运营、店面的信誉等都会影响盈利。对于科技类产品的公司来说，传统意义上的精细化运营是一方面，但是更重要的是你需要有旗舰级的好产品，并且能够从利润上支撑旗舰店。有了初期的运营经验积累和经历了销售业绩不理想后，后面一些旗舰产品，比如说保时捷系列，在体验店的销量出现了较大的增长，盈利问题就迎刃而解了。有了高毛利的产品，才能长期维系高端的体验跟周边的系列产品。体验和周边产品上去以后，再来反哺门店的运营，从此形成了正向的飞轮效应。在华为终端产品丰富的时候，手机的销售收入占门店总收入的80%，但是随着美国的打压，现在据说只能占到门店收入的30%了，也就是说如今门店收入的70%是靠非手机的销售来维持。由此可见，在不同的状态下，店面需要顺势去做不同的销售结构的组合。

有了自营的体验店，就像有了一个自己的样板间，就可以输出开店的指南，比如选址需要考虑的因素：最近车站的距离及客流量、最近超市的面积、附近的影剧院和高知名度商家的数量等。一个新品上市前，产品的宣传、产品的陈列、产品的道具、产品的话术，都可以在自营的体验店里做"预研"。比如通过商业体的整体营收和店面营业额预估，推算出合适的店租，在开店前提高基准数的准确性。有了这样的基准数做指导，后续再开店时，成功的概率就会更高。

当然，零售店除了销售职能，它的另外一个重要的作用就是品牌的门面，有很强的品牌属性，是促进品牌影响和品牌溢价的一个非常重要的因素。同样一件商品，放在大商场卖和在地摊卖的差价能够相差几十倍，这充分说明零售店对品牌和产品溢价的助力。华为终端在探索精品零售和服务模式、构建有温度的品牌形象上下了很大的功夫。

一个好的店面体系，需要兼顾品牌和盈利，是包含消费者的互动、品牌的文化传递等方面的一个综合体，所以不能简单地把它理解成一个卖货的地方，它是一个综合的场所。将原本需要做品牌的成本以开店的方式变成了公司的资产和现金流，兼顾营收和品牌形象，这是华为的零售团队追求的高阶境界。

互动问题

1.您最喜欢逛的三家品牌专卖店是哪三家？
2.您最喜欢它们的原因是什么？

本节金句

将原本需要做品牌的成本以开店的方式变成了公司的资产和现金流，兼顾营收和品牌形象，这是华为的零售团队追求的高阶境界。

1.3.5 销服网络构筑品牌信任度

"海陆空"三大渠道与品牌的相识与相助

渠道作为商业流通的重要环节之一，一定是追求盈利的。靠关系、靠商务、靠返利是一般销售人员争取渠道的主要手段。但为了能够长期稳定地盈利，渠道更愿意选择可靠的品牌进行合作。如何让渠道理解你的品牌，让渠道认识你的品牌价值，让渠道更愿意经营你的产品并配合你？通常只有高水平的销售人员才能充分地应用渠道，实现品牌和渠道的相辅相成。

对于从运营商转售切换到全渠道销售的华为终端，初期的渠道拓展异常艰难。运营商作为"陆军"渠道，华为曾经一度拥有1000多个运营商合作伙伴，覆盖全球140个国家。当华为终端转型做渠道的初期，运营商不理解也不支持。曾经的14个欧洲合作运营商，最低谷时期只剩下1个。而公开市场个别渠道零售商的恶意低价抛售行为，导致华为某些手机产品的价格体系出现了严重紊乱。

如何让渠道商与品牌方合作？关键在于必须让渠道商看到你具有哪些独有的优势、竞争力，可以帮助合作伙伴把握商机。

华为终端招聘了一批社会渠道的人才，这些深谙社会渠道痛点和华为优势的渠道销售人员在后续的拓展中实现了华为终端与社会渠道的联结。与此同时，在2G向3G的切换中，很多品牌掉队，很多社会渠道也在寻找新的合作伙伴，这对华为来说是很好的机会。

渠道追逐的利益有长期利益和短期利益之分。有眼光的渠道商，除了中短期盈利，也十分看重品牌对自己的资源和能力的加持，希望实现长期盈利。对品牌方来讲，其实就是让你的渠道能够认识到你的不一样，能够认识到品牌的差异以及它最终能带给客户的差异化的产品和服务。经历过大风大浪的渠道商，不会因为厂家的一次忽悠而轻信品牌，需要有足够的信息和自己尝试后的收益为基础来做决策。看到了这些问题后，华为终端的渠道人员从销售的"三板斧"着手开展工作：不遗余力地通过会议营销，给渠道商带去海量信息；通过把渠道伙伴请到发布会，让渠道商感受华为的产品力和品牌力；通过建立样板和参观，给其他区域的渠道商带来信心。

对于很多关键的客户来讲，他们需要实实在在的销量和利润来证明其业绩，以赢得更好的职业发展。华为终端对渠道策略是弱化sell though环节的压货，强化对产品sell out环节流速与流向的支持。不断优化自己的销售过程，每个环节、每个细节都精耕细作，每年都去更新整个打法和细节，在这个过程中，自然而然地就形成了一个组织型的销售行为。当把库存、流向、流速、流量等问题管理好后，重复下单Repeat PO也就成了水到渠成的事。伴随着这些工作的扎实开展，华为的渠道合作伙伴迅速地壮大起来，全渠道的网络逐渐搭建起来，这个时候对管理水平的要求一下就上去了。原来一个国家对口三个运营商，而且运营商通常有完善的信息系统，销售数据从客户处就可以拿到，现在面对成百上千各种规模的社会渠道客户，要看全局的产品流量、流向和流速变得异常艰难。要想进一步提升渠道管理水平和运转效率，实时动态掌握全盘数据是前提，为此终端成立了to C数字化项目组，拉通华为、渠道商、零售商的数据，建立智慧化的运营系统。同时挨个去跟合作伙伴谈数据对接与共享，开设账号。也正是有了数字化的工具，原本人拉肩扛的队伍终于换上了现代化装备。基于实时数据反映的问题，华为的销售人员和客户一起，有针对性地开展工作，作战效率得到了大幅提升。

很多企业的销售人员在酒桌上签下销售订单，身上少不了一股江湖气。华为的销售人员有能喝的，也有不能喝的，有一身江湖气的，也有斯文些的，但都有一个共同的特点，就是会背着电脑，随时打开一堆数据，跟客户一起分析市场和销售情况。在不太顺畅的细分渠道，如果客户下单多了，他们还会劝少下些单。正是这群穿着西装和皮鞋，背着电脑包，候机时还在开会的销售生力军，赢得了客户的信任和尊敬，也逐步赢得了市场。

在渠道合作里面，也会涉及品牌和营销方面的支持，大家都会找你要资源。这时，你面临两个选择：是细水长流地慢慢投，还是一次性地大手笔投。实际上，在华为里面，有一个共识，"一定要把这壶水烧开"。从资源配置时，就可以看到这种观点的落实。在渠道合作上，通过选择，做一个成一个。对于选定的战略合作客户，华为终端通常是将一步一步赢得客户的环节做到极致，也尽可能地集中可以调用的营销资源，帮助客户把业绩做到最好。你想想，如果所有环节的员工都非常有自信，给客户传递的是一种什么样的信息？这个时候，你就发现你将竞争对手比下去了。销售其实就是一个从竞争中脱颖而出的过程，在激烈的竞争中，高信息含量消灭低信息含量，高强度消灭低强度。一旦战略合作伙伴从市场上脱颖而出，其他潜在的合作伙伴的信心也就大大增强了。渠道合作伙伴对品牌的信心增强，品牌在渠道里的势能就有了，随着更多渠道的加入和成功，产品销售的动能逐渐增大，反过来又进一步增强了品牌的势能。品牌势能和销售动能相互促进的良性循环一旦形成，就开始有了加速度，促使整个生意进入高速公路。

天音通信、爱施德、普天太力、中邮普泰等"海军"渠道陆续成为不同机型系列的分销商，通过这些合作伙伴，华为终端的产品渗透进了更大的市场。苏宁、迪信通、国美等KA零售商，则在零售展示上帮助华为实现了高地突破。华为坚持不懈地在产品质量、用户体验、性能、服务上不断提升，努力做到最好，也赢得了渠道的认可。后来华为推出了几款精品机型，给"海军"们赚足了利润。

当华为在中高端市场站稳脚跟后，运营商合作伙伴又慢慢回来了。以德国电信为例，2014年，德电终端订货大幅上升，实现高端、中端、低端和超低端智能机全面布局。双方高层在2014 IFA展联合发布家庭融合套餐，在全欧洲第一家上市4K TV业务。德电重新选择华为终端，源于自有品牌精品模式下，华为终端给其带来了更高的增长和业务帮助。

除了地面部队，华为在2013年开始建立"空军"队伍，即电商。电商渠道是华为在渠道领域的一个重要构成，在电商渠道，华为终端一方面与京东、天猫、苏宁易购等建立战略合作，另一方面建立自营商城。通过"空军"，实现快速、精准、全面地覆盖。华为希望在这块能实现快速布局，并且破局，对现有的体系进行颠覆。此时，品牌和营销为商城做的宣传、导流等工作就成为其成长的源泉和动力。

在全球"海陆空"三军队伍越来越强大后，营销队伍为了能促进品牌形象和销量增长，通过大型的全球新年主题Campaign等形式给渠道带去助力。以2012年的"Ascend to New Height"（新年新高度）Campaign为例，在向全球消费者发出新年祝福的同时，也寓意合作伙伴和华为在新的一年达到新的高度。活动分线上、线下两条线进行，线下购机抽奖赢热气球体验和新年华为福袋，用户参加线上小游戏通关赢迪拜游等互动游戏，活动在深圳开幕。活动的收尾在迪拜帆船酒店，聚集了全球的大奖获得者和中东地区的渠道合作伙伴以及媒体朋友们。这类紧贴销售的活动很好地兼顾了销售的提升以及增强渠道和消费者对品牌的信心。

总体来讲，我们希望销售能够兼顾短中长期不同维度的收益，不能为了销量的增长而伤害品牌，并且借由着不断完善起来的数据体系，确保不要打歪，不要"在黑夜中开枪"。我们要看到今天的出货，也要看到明天的品牌。渠道一旦认识到品牌的价值和对其自身体系的支撑，就会更加愿意与品牌达成战略合作。

专业化的服务建立品牌的可信赖性

很多企业愿意花钱去发展新用户，但很少愿意花同样的钱去维护老用户。华为终端在用户服务领域的专业性和响应度，则处处体现了用户第一和充分关注老客户的经营理念。华为终端认为，谁获得用户的忠诚，谁赢；谁让用户的忠诚有价值，谁赢。所以用户的忠诚回路就应该是商业设计的一部分。

在华为终端销售渠道逐渐铺开的过程中，服务网络也同步构筑，单单中国区就建立了从地市到县镇的服务和销售网络。2014年，华为终端就开始引入在线客服、电商和互联网一对一座席业务，开通7×24小时客户服务热线。完善的售后网络是一个企业的责任心的最直接的表现，它可以让渠道和零售合作伙伴免去很多后顾之忧，也让消费者更放心地选择华为终端的产品。

可能有人会说，这些售后手段很多企业也都做了呀，但华为的售后总能给你超出预期的服务，服务意识好，专业性高。当你接通华为终端的售后服务热线950800后，客服人员会耐心听你的问题描述，并尽快给出解决方案。

如果你自己不懂操作，甚至可以通过给客服远程权限，让客服专员帮你操作。终身免费软件升级服务、以旧换新服务等，这些都做得很到位，让人买得放心，用着舒心。

服务团队的小伙伴们以服务客户为乐：给手机做蕾丝雕刻、99元电池换新、帮小伙子找回丢失的照片去实施浪漫的求婚行动、帮大叔家的大别墅布上更强信号的Wi-Fi……华为终端服务团队让每次服务都成为一次满意之旅。每次听到、看到、感受到这些暖心的服务，客户对品牌的信任度就提升几分。

在销售和服务网络中，每一个小伙伴的努力与真诚，让品牌信任度，润物细无声中逐渐地形成。

互动问题

1. 您喜欢通过什么销售渠道购买电子类产品？
2. 哪些品牌的售后服务让您特别满意，下次一定还买它家的产品？

本节金句

品牌势能和销售动能相互促进的良性循环一旦形成，就开始有了加速度，促使整个生意驶入高速公路。

1.3.6　融入主业务流，做品牌管理

很多人理解的品牌工作是强调创意和感性思维的工作，当谈到品牌专家时，大家往往脑子会呈现着装时尚、发型炫酷、拥有自由气息的一群人。to C 业务的品牌专家们根据自己丰富的经验和极佳的审美，一般会制作三个打江湖的工具。

品牌白皮书，也可以叫它品牌指导书或品牌手册，是品牌的总纲，其他的环节则在总纲基础上进行扩充，就是沿着总体脉络，一层一层往下去找，去补充案例，去填充细节，去发掘新"梗"，而内核始终保持一致。品牌白皮

书是传播核心，什么都要围绕这个核心，就是你不管说了一堆什么，最后都能回到这个主旨。各个部门都有自己的话术和操作方式，但是不与品牌白皮书相违背是底线。与品牌核心相违背的，当然要直接说不，限制传播。严格来说，企业的单个传播决策都与品牌核心词有关，主要是看是否符合阶段性传播目标，阶段性传播目标又要符合年度主线，而年度主线又需要与品牌核心相吻合。

VI（视觉形象识别），是感官上的识别符号，是品牌形象的外在表现。它根据顾客价值分析，将与品牌有关的一切可视物进行统一的视觉识别表现和标准化、专有化。VI与社会公众的联系最为密切，影响面也最为广泛，是企业对外传播的一张"脸"。它以品牌理念与顾客为核心，以基础要素输入形成集成要素，这些集成要素是客户关系的着眼点，是能使顾客直接感知品牌的独立系统。将基础要素中的相关内容基于不同的体系平台进行搭建，通过对基础要素的转化应用而直接形成顾客的品牌认知行为，使顾客依靠对集成要素的体验而直接获得对品牌的认知。

SI（空间识别），也可以称为店铺识别或室内识别。SI是VI的延伸，主要目的是在"三维空间"进行"装潢规格化"作业。空间识别与传统装潢设计最大的不同就是它是系统性设计，而非定点式设计，以适应连锁发展时会碰到的每个店面尺寸不一的问题，其中规划项目包括设计概念、空间设计部分、平面系统、天花板系统、展示系统、灯光设计、壁面系统、招牌系统、POP（海报）及展示、材料说明、施工程序、估价等方面。

品牌专家们往往为三大完美的品牌工具的出炉而成就感十足，然而接着让人头疼的事情就来了。品牌理念、定位和规范，无法很好地落实到产品和服务的各个环节中，往往消费者接触到的品牌与最初的设想相去甚远。

从企业角度来看，品牌代表其提供的产品和服务的品质；从消费者角度来看，品牌代表其综合的体验。建立一个知名的大众消费品品牌，需要在产品、营销、渠道、零售、服务、信誉和市场占有率等多方面取得优异的成绩，除了感性的创意思维，更要有理性的流程思维，要将打造品牌这项说起来

"高大上"，实则很难模块化和不可复制的工作落实到研发、产品、营销、零售、服务等客户看得见、摸得着的各个环节，既保持工作的主动性，又能和业务紧密联系。只有系统地将品牌管理渗透到企业运营的全流程中去，才有可能实现这个目标。

华为终端公司选择从B to B to C业务转型到B to C后，启动了一系列的流程变革与组织调整，以适应方向和打法的变化。如果把整个公司的运转比作舞龙灯，那么公司的战略方向就像龙头，流程就像龙脊，组织设置就像龙爪。其中龙头要熟悉场地、清楚地知道方向和通道，充分、合理地利用场地；龙脊需要形态灵活，保持各个部位之间的互动，在做自己的动作的时候，能与上下游保持协调；龙爪则是支撑龙头和龙脊实现灵活舞动的架构。

华为终端通过向业界先进的公司学习，引入了宝洁和摩托罗拉已经使用非常娴熟的GTM（产品进入市场）流程，并在P6产品上开始试水。P6在流程上有很多个第一次：品牌团队的人员第一次参与了产品的卖点选择，而不是被动接受；品牌第一次定义P6的传播调性；营销体系第一次有了产品上市的dashboard（商业智能仪表盘），还没有卖之前，就已经输出了整套的营销方案；第一次提前很早就有了主KV（主视觉海报），零售能充分地结合主KV，延展出零售的物料；第一次在还没有开始卖之前，预支了占大比例的营销预算做广告投放。

第一次尝试，虽然有很多需要完善的地方，但成功地将GTM引入华为终端的作战体系，成为后续IPMS（集成产品营销和销售）的雏形，并不断优化和完善。更可贵的是，华为终端让PMS和IPD（产品开发）咬合在一起，犹如打通了产品和市场的任督二脉，成为后续华为终端不断推出爆品的操盘秘籍。

华为终端两大主业务流程

IPMS	1.规划与立项	2.拓展准备	3.市场拓展	4.上市准备	5.上市销售	6.稳定销售	7.退市操盘
	Kick off 开工会	GR1 卖点模拟	GR2 启动拓展	GR3 早期样机	GR4 正式商务	GR5 产品上市	GR5A 主动调价 / GR6 退市准备 / 退市
			DCP1		DCP2		DCP3
IPD	1.概念	2.计划	3.开发	4.验证		5.发布	6.生命周期管理
	charter 立项通过	CDCP 概念决策	PDCP 计划决策	TR4 转测试	TR4A 硬件定型 / TR5 小批量生产 / TR6 量产	ADCP 可获得性决策	EOX 退市

- IPMS通过GR衔接与IPD流程协同运作,支撑IPMT DCP决策;
- IPMS包含了IPD要求的市场领域活动视图,IPD中的GR调用IPMS中GR的定义。

品牌则通过IPMS的一些关键节点,深入主流程中。比如产品包装的概念和卖点,需要体现品牌的特质和基因;比如营销物料包的KV制作,需要充分遵守VI规范;比如零售陈列的部分,一定要严格地遵守SI规范。

如果说P系列中的各种品牌行为是随着产品上市而做的配套工作,那么Nova系列则开始尝试系统化地将品牌管理渗透到整个开发流程IPD(集成产品开发)和上市流程IPMS里。产品概念、产品外观设计、产品UI(用户界面)设计、营销、零售等各个模块的团队,跨部门在一起工作,有机地结合了品牌策略、品牌定位和品牌规范等。有一支专门的PI(产品形象)团队开始更加紧密地与产品研发衔接,更加系统而深入地对Nova系列的基因设定、产品概念、产品包装、产品推广等进行思考,并且发展出了一整套的产品规范系统,在顾客需求系列化、多样化的基础上,对产品按不同的风格、档次、品牌、种类等进行系统化、规范化的开发,以达到最大限度地占领市场并以统一规范的品牌形象帮顾客建立长期品牌认知的目的。品牌推向市场的多种产品因其卓越创新的设计、系统严密的策划,在消费者心目中建立起了风格统一、特色鲜明的产品形象。有了这种系统的介入,品牌就渗透到了产品从"生"到"养"的全过程中去。

当思维边界被打开后，品牌理念向产品的概念设计、产品规划、营销包装、零售体验设计等方方面面去渗透，就将原来以部门为单位的作业方式，转变为以打动消费者为目标的全新的品牌工作模式。

以品牌白皮书、VI、SI、PI这些高度提炼的品牌管理纲要为基础，通过IPMS、IPD与各系列的产品不断结合，形成打法，积累案例，并且适时地刷新和升级。就这样，品牌无形地深入了战壕里，融入了日常工作中。

互动问题

您觉得品牌工作主要是品牌部的工作吗？

本节金句

建立一个知名的大众消费品品牌，需要在产品、营销、渠道、零售、服务、信誉和市场占有率等多方面取得优异的成绩，除了感性的创意思维，更要有理性的流程思维。

1.4 品牌全球化拓展

全球市场拓展，对刚"走出去"的中国企业来说，是一件非常难的事。在很长时间里，中国品牌在全世界范围内都被认为是廉价的代名词，没有人相信中国品牌。而中国企业的海外拓展人员，背井离乡地远征，面临陌生且恶劣的大环境，其中的困难一言难尽。

在华为终端品牌全球化战略的指导下，公司内部吹响了向全球市场进军的冲锋号，并制定了整套的物质和非物质激励的政策，鼓励全体员工"雄赳赳、气昂昂，跨过鸭绿江"。一时间，公司各路人马集结，做好组织架构和人员任命后，开始了全球"拓荒"之旅。

地处北半球的西班牙是一个对足球狂热的国家，诞生了皇家马德里、巴塞罗那、马德里竞技等众多知名的足球俱乐部。华为终端在西班牙开启了全球的第一次足球营销，赞助了马德里竞技队与皇家马德里队的比赛。

阿联酋在很多人眼里是个神奇的国度，当你置身其中，会受到极大的视觉冲击：沙漠与黄金马桶，骆驼与顶级跑车等同时出现在迪拜长长的海岸线上。2013年2月，华为终端的"Ascend to New Height（新年新高度）"的活动在迪拜收官，我们在迪拜的超五星级帆船酒店举办晚宴，款待来自全球各地的参与活动的华为手机的消费者和中东非地区的渠道商、零售商以及全球的记者，讲述新年新高度的故事。

当我们把欧洲的新品发布会放到柏林时，高端市场拓展的序幕从此拉开，道阻且长，但脚步坚定。

日本的企业将精细化做到了极致，零售团队到日本学习零售的精髓，穿行在日本的7-11、全家、罗森、Daily等各种零售店和DOCOMO、SoftBank、KDDI三大运营商门店之间，感受精细化运营的精神如何被带到零售管理中。

当然，拓荒的路上不是只有艰难，也有苦中作乐。德国的啤酒和猪肘酸菜、西班牙的火腿配哈密瓜、日本的怀石料理、G国的胡安·帝滋咖啡、南非草原的动物大迁徙、亚马孙丛林的变色龙、墨西哥蝴蝶谷的帝王蝶、西班牙的弗拉明戈、巴西的激情桑巴……我们真实地体会到任总说的"人生充满回忆就是幸福"。

拓展市场，风雨兼程未敢歇。每到一处都能发现华为终端的机会，每到一处都能摄取业务开展的能量。背井离乡，为愿而行，无怨无悔，全球各个角落都留下了华为终端小伙伴们的脚印。有了士气的同时，还要找到有效的作战方法。在不同阶段，打造品牌需要做的事情存在很大的不同。

华为终端品牌全球拓展是一个非常庞大的话题，很难通过一个章节来做全面的描述，本书仅选择了一些有代表性的市场去展现一些典型的打法，比如在中国这个超大市场如何建立大本营，在人口基数小的G国"从乱到治"

的方法；在 R 国如何成为第一品牌，在封闭市场日本怎么破局，在发达区域欧洲怎么建立高端品牌。有些因为宏观政策或内部战略定力、市场节奏把握、管理不当等因素，在品牌拓展上受阻的市场，本书因为篇幅的原因暂不展开描述，但这一部分的经验也是弥足珍贵的。

互动问题

如果有机会，您愿意到海外去"拓荒"吗？

本节金句

德国的啤酒和猪肘酸菜、西班牙的火腿配哈密瓜、日本的怀石料理、G 国的胡安·帝滋咖啡、南非草原的动物大迁徙、亚马孙丛林的变色龙、墨西哥蝴蝶谷的帝王蝶、西班牙的弗拉明戈、巴西的激情桑巴……我们真实地体会到任总说的"人生充满回忆就是幸福"。

1.4.1 在中国建立大本营

华为终端在中国市场的打法，在"运营商转售模式"和"做全球消费者喜欢的科技品牌"两个阶段，呈现了极大的不同。在中国建立大本营的故事，也将分成这两个阶段来写。

2005—2011 年运营商转售阶段

2005 年初进公司，在总部做了一年多的信息管理后，我被外派到广西做市场经理。当时终端团队很小，几个人的工位被安排在华为广西区域总经理办公室旁边的一个小区域内。我们团队内部称区域的总经理为"代表"。当时的广西代表鲁勇是个宽厚豁达、富有凝聚力的领导。代表的办公室里常坐满了人，业务讨论声、相互调侃的笑声，此起彼伏。电信系统部转做终端业务的余聪，因为聪明绝顶，头顶特别亮，被大家亲切地称呼为"聪头"。

刚到代表处时，我犯了很多错误。在对市场和十几个督导团队成员都不够了解的情况下，就开始制订作战地图，搞得团队成员到主管处投诉。有一次在做营销方案的时候，没有征求本地团队的意见，选择的促销电影院与当地客户喜欢去的地方不在一处，效果大打折扣。在这几个关键事件后，在下代表处后的第一次考评中，我的绩效首次被打了C，差点被淘汰。

也是从那时起，我学会了扎实地去贴近市场，并充分地跟本地市场人员"勾兑"。在跟一线督导团队合作的过程中，我发现这些在一线摸爬滚打的小伙伴个个都闪闪发光：市场分析到位的小璟、熟悉客户运作机制的小桂、谈判技巧好的小严、市场敏感度高的小帆……我跟着他们一起，俯下身来，去了解当地的消费者、当地的资源，以获得好的效果。在运营商转售模式下，华为终端的产品紧跟运营商网络发展的需求，而我们这些市场人员当时几乎天天和电信、联通的员工泡在一起。除了满足产品供应的需求外，我们大部分的工作是推动电信小灵通和联通CDMA手机的销售工作，成为运营商营销组织的一部分。节假日促销活动的开展、资费政策的调整等都绑在一起做。华为的小灵通能够做到当地的市场份额第一，CDMA能够迅速地从0成为前三品牌，贴近市场、充分地与本地团队配合至关重要。本地化这个工作习惯，也被我带到国外。与本地团队的合作成为我的职业素养的一部分。

与客户的合作逐步深入后，客户也将我们当作最紧密的合作伙伴。记得当时省华盛队伍逐渐扩大后，专业能力提升成了他们亟待解决的问题。这时，省华盛向我们提出，华为终端能否输出优质讲师，对他们的团队进行培训。接到这样的需求后，终端主管聪头对接省华盛销售、市场督导和我，对省华盛的能力提升做了仔细的访谈和需求分析，着手准备梳理培训材料，同时也邀请了机关的渠道部部长任洪亮到一线做讲师。在联通的半年度会议的最后一天，我们安排了一场由华为终端交付的培训课，酒店最大的会议室里坐满了人，很多人站着听完了课程。省华盛的领导在培训之后，盛情地用稀有的广西特色菜和茅台酒招待了我们，大家聊得很投机，完全不像甲方、乙方在一起吃饭，更像兄弟部门的联谊。他们希望这种培训的形式能够持续地进行，华为终端的师资、课程体系、训战结合的赋能模式，对他们来讲非常适用。

下一线前，我负责的是终端信息系统的建立，其中库存信息管理一直是任总要求的重中之重。现实中，常常出现不好卖的库存一大堆和好卖的总是缺货的情况，新旧产品的交替环节常常也是清库中最令人头疼的。我在MBA（工商管理硕士）课程里曾经学过CPFR（协同式供应链库存管理）技术，该技术让供货方和客户打通作业流程，共同制订销售和运作计划，并通过电子化的交流与沟通，共同修改销售计划和补给计划，从而提高计划的前瞻性和准确性，减少事后修补所带来的高额成本。我本来以为下一线后，可以紧密地与运营商开展这项工作，可真正到一线看了后才发现，条件根本不具备，系统开发、录入等基础电子化环境根本就没有，最终也就放弃了原有的想法，而是通过加强与合作伙伴的交流，获取相对准确的要货需求和库存数据。这项未完成的工作，在几年后，才凭借华为终端用零售hota（华为在线升级）数据和客户数据对接的技术解决。

当对省层面的工作有了基本了解后，我开始以南宁为中心，跑各个本地网。第一次到玉林，大巴车坏在了路上，最后赶到本地网我们租的办公和住宿的地方时，天已经黑了。推开门一进去，只看见里面堆积如山的物料扑面而来。第二天一早，我和我们本地网的督导小张一起，去跟电信市局市场部的客户做交流。打开早已准备好的各种数据，很快开始进入正题。为了迎接马上来临的"五一"假期，我们开始一起策划如何能够获得好的销量。那时候，华为终端的市场预算很少，队伍也弱小，我们能提供的主要是促销的物料，但每次做营销活动，我们总是主动地参与方案的制作，贡献想法，并提前做好销量预估，盯好供货。虽然真正的资费政策和执行都是由运营商庞大的团队完成的，但因为服务态度好，并且把自己分内的事总是一丝不苟地完成，所以对方就把我们视为他们的一分子。记得当天的方案基本讨论完后，市场部的主管提出给他们的团队做一次跟产品和品牌不太相关的职业技能培训，还给了我一本书——《致加西亚的信》，希望我能够以书为引子，讲一下执行力。这本书我曾经看过，但记得的内容已经不多了，只得连夜温习了一遍，然后结合华为大学给我们上的执行力的课程，完成了我人生中最赶的一次课程设计。但可能是外来的和尚好念经，第二天的课，大家反响很好，我很快结识了一大批一线的员工，和他们沟通很顺畅。此后，我把"带课下乡"做成一项常态化的工作，紧紧地和运营商捆绑在一起，急对方之所急，共同形成高效的作战能力，让华为终端在没有什么市场费用的情况下，市场份额能够不断提升。在广西的两年时间里，我几乎跑遍了广西的各个本地网，这段经历让我对了解下沉市场的运作有了直观而深刻的认识。

当时的华为代表处作为共享平台，各个产品部接受产品线和代表处的矩阵式管理，产品线和代表处分两条线进行财务核算，平台和产品线相互配合、利益共享，形成了华为最基础的作战单元。华为的组织结构本地网、代表处、地区部，与客户的地市局、省局、总局层层衔接，协同作战，终端产品与客户需求、已有的客户关系有机地结合在了一起。那个时候的代表处，氛围很好。鲁代表为人宽厚，有影响力，善于总结和反思。当时广西的业绩在全国来讲并不算突出，但是广西代表处各项业务的完成情况都属前列。后来，代表处的终端成员，作为有成功作战经验的员工，纷纷被引入国内办事处和海外国家，负责更重要的岗位。

PHS由电信和网通来运营，经过2003年的快速增长后，2004年增长放缓，2005年受3G牌照发放在即和电信业重组的影响，较2004年出现负增长，而2006年PHS市场容量下降到2000万台。小灵通当时有七八个厂家在做，其中斯达康第一、中兴第二、华为第三。厂家的市场推广方式差异不大，基本都是买赠、抽奖、促销员返利。我们从成本的角度考虑，推出机卡分离，随之而来的是局方（运营商）给的政策支持力度下降和销售渠道变化，局方营业厅占60%，大客户约占15%，剩下的25%是社会渠道。但到了2005年12月，随着机卡分离的推进，社会渠道销量已基本与营业厅持平。销售额有30%来自长期促销员，其他则来自零售店店员。此时我们的工作重心已经发生了转变，需要更加重视与社会零售店的合作。

联通CDMA的行业竞争则更激烈，三星、LG、摩托罗拉、诺基亚等国际大品牌是主流。在销售通路占比上，联通营业厅占40%、联通大客户占20%、社会渠道占40%，可以看出联通手机的社会化程度更高。联通的资费政策有购机送话费、预存话费送手机、六折购机、四折话费等；买赠的力度更大，送电池、油、洗发水。三星则经常搞购机抽奖，赢韩国浪漫双人游。

在华为终端团队为了电信小灵通和联通CDMA手机业务奔波的过程中，中国移动的GMS（全球移动通信系统）手机开放市场则完全是另一番景象，并且形成了国内品牌和海外品牌两种作战模式。其中，国外的诺基亚、摩托罗拉、三星、黑莓、索尼爱立信通过总部的品牌投放，实现了产品的大曝光，在高处形成势能，将摩托罗拉模拟翻盖机、诺基亚的直板机、索尼爱立信的键盘机做成了消费者因拥有而倍有面子的产品，而TCL、金立、联想等国内手机品牌则通过渠道和零售，将销售网络延展到了三四线城市，用热情周到的服务态度，拥有了大量的粉丝。两年的一线工作，让我有机会充分感受友商的作战方法，体会品牌不同环节作业的差异：总部的品牌作业要有足够的高度，烟花一定要放得够绚烂，让客户知道你的到来；一线的品牌工作一定要接地气，笑脸迎接客户的到来，让客户感受到品牌的温度。当你将这两个不同方向的工作都做到位后，就能促使你的品牌走进消费者的心里，促使你的产品走进消费者的生活中。

2012年开始的to C转型阶段

在前面的章节中，已经讲过中国区在to C转型中旗舰机的操盘、品牌营销的作战等，接下来，我从全球大本营的角度，重点说说中国区对整个终端公司to C转型的贡献。

作战方法的输出基地

在征战市场的过程中，中国区产生了很多可供全球其他国家学习的案例和打法，此处我讲两个案例：一个是如何根据市场洞察做商业投资；另一个是如何在极端环境下逆势生长。

案例1：2019年，很多互联网手机莫名出现负增长，业内很多人都认为线上线下均已饱和，市场投资进入谨慎或者撤出阶段，而华为终端中国区则敏锐地察觉到了新增流量的来源已经从线上平台变为四五线下沉市场。基于这个判断，华为终端开始迅速加大对四五线市场的投入，收获了很多优质资源。同时果断对作战方法和作战组织做了调整，及时地抓住四五线市场的这波增长。这里面所体现的市场洞察的视角和反其道而行之的投资方法，给很多国家的同事树立了榜样。

案例2：从2020年春节开始，新冠疫情突如其来且迅速席卷全球，全球逐步进入抗疫状态。自从2019年5月，美国将华为列入实体清单后，禁止美国企业与华为合作，华为人是如何面对天灾人祸，但仍保有斗志，逆势生长的呢？

在双重外因的压力下，海外市场受到的冲击很大，就像游泳运动员被捆了双手双脚。相较而言，本土作战的中国区能施展拳脚的空间更大。华为终端中国区的管理团队迅速召开了"不畏困难，勇于担当，困难越大，荣耀越大"的战时动员会，提出要坚决打胜这场攻坚战，并且要加速增长，保住公司的整体增长。

为了尽可能地确保人身安全，公司通过各种渠道保证抗疫物资的获取和分发。迅速调整和准备后，所有人不论岗位，都进入作战状态。疫情到来后，线下零售几乎陷于瘫痪，很多门店被迫停业，零售老板们心急如焚。华为主动联系线下合作伙伴，主动给予零售伙伴帮助。首先打响的是直播带货飓风行动，由华为中国区市场部牵头，整理素材，开发线上赋能课程，给所有的零售伙伴做全员线上赋能，并且优先保障产品供应。而中国区的所有人员，全员进入战斗状态，把自己的微信朋友圈变成营销的阵地，来推广和销售产品，在患难中呈现出"兄弟同心，其利断金"的状态。

在产品策略上，因为居家办公和学生上网课成了一个非常普遍的场景，原来在终端销售中通常排在后面的平板电脑和笔记本电脑这类产品，迅速由队尾变队头，成为主推产品。媒介团队则迅速展开用户需求和流量来源的分析，加大平板电脑和大屏手机的目标人群覆盖，不断有的放矢地开展营销工作，提升作战的效率。

2020年年报显示，华为终端的业务营收达到4829亿元，实现逆势增长3.3%，为华为整体业务贡献了54.2%的收入。这一年，不管是市场占有率还是品牌，华为终端都达到了前所未有的高度。

华为终端逆风飞翔的能力，让很多人觉得很不可思议。我的感受是，外来的痛苦和挑战就像针灸带来的刺痛，激活了整个组织的免疫系统，从而能够战胜平时无法战胜的入侵者。

流程与IT的建设基地

2013年至2014年，随着P6、P7、Mate 7等产品的热卖，华为终端的合作伙伴和服务的消费者都出现了大幅增长。华为终端管理团队清醒地认识到：管理短板不能被良好的业务掩盖。2015年被华为终端定位为管理变革年，目标是改善管理，支撑to C转型，把能力构建在组织和流程上。

华为终端中国区因为面对的是十几亿名消费者，业务的复杂度高，便首先举手，开始了流程和IT的建设。中国区的各级业务主管都非常重视，并身体力行地参与其中。

在流程方面，为了能够充分地实现协同，加强GTM业务变革，提升整体操盘能力，华为终端中国区成立了操盘、营销、采购、服务和内控等几个业务管理委员会，高效运转。每周一理性讨论加决策，紧急事项当天决策，唯快不破，并且将实操过程中的打法进行总结，优化进集成产品营销与销售流程中，进一步完善机关、区域、代表处三层组织的分工与配合。

在IT平台上，成了2C数字化项目组，承接整个业务的数字化规划和落地。大大小小一共建了28个IT子系统，覆盖产品、营销、交易、零售、服务、供应商管理等全业务流程，并在执行中不断优化。建设起了面向不同类型客户的分秒级交易平台，提升运营的效率和消费者体验。

这些流程和IT工作在中国区试行成熟后，都开始向海外普及和适配。海外各个区域在引入流程和IT的时候，也引入了中国区的作战方法、管理方法和工具。

全球人才的培养基地

中国区在初期懂 to C 的人很少，引入人才成了主管和 HR 非常关注的大事。通过各种努力后，华为的团队里引入了很多业界的"明白人"。他们进来之后，就进入了充满冲突的磨合期，很多人不适应离开了，也有人留了下来。同时，我们也积极在高校招聘优秀的毕业生，并大力吸纳兄弟部门的人才加入。自此，中国区构建了"华为兄弟部门人才＋快速成长的年轻干部＋业界'明白人'＋高校毕业生"的"钢筋混凝土式"人才结构。在一场一场的商战中，人才的能力和经验都逐渐积累起来。

在中国区成长起来的人才，从个人和地区的角度来说，都是愿意在中国市场长期发展的。如何能将中国区做成全球的人才培养基地，让中国区管理团队愿意给海外区域做嫁衣，让员工以"春江水暖鸭先知""不破楼兰誓不还"的精神面貌奔赴海外战场呢？答案是公司的核心价值观和制度。

任总曾说过："'铁军'是领袖对士兵关怀而产生的，队伍的对外坚韧，是对内的柔和而建造的。我们要奋斗，也要对奋斗者充分关怀！"为了让员工愿意去海外奋斗，并且能安心地在海外奋斗，公司将对海外员工的关怀工作做到了极致：公司给海外员工购买全面的医疗保险，覆盖高规格的医疗资源，每年投入超百亿元，人均约 7 万元，为奋斗者的健康保驾护航；在各个国家修建所在国最棒的中餐厅，让员工吃好了不想家；海外员工住的小区都是所在地最好的高档小区，繁杂的家务由专人打理；办公的场所都是当地最高端的写字楼，有完善的安保体系；海外地区部会不定期地在重大项目结束后或者节假日期间，安排分批休假或者探亲，回国机票或者家属赴海外机票由公司报销；设立"天道酬勤奖"，向在海外工作十年以上（艰苦地区连续工作六年以上）的员工致敬……

导向明确的制度和政策体系是促使干部愿意放、员工愿意走向海外的基础。此外，华为在公司员工的任职资格管理中，加入对全球化经验和视野的要求：没有海外作战经验的人员在任职资格晋升上受到限制；在干部选拔标准里，对于同等条件的候选人，优先提拔有海外成功作战经验的人选；按照海外国家的艰苦程度，设立不同级别的外派补助、出差补助；对中国区主管提出海外人员输出的指标要求；对自愿申请去海外的员工，任何人不得阻拦。

有了足够的员工关怀、多维度政策和制度的保障，中国区干部不愿意放、员工不愿意去海外的问题就得到了很好的解决。中国区作为全球人才的培养基地，是华为终端快速拓展全球市场的关键之一。

华为终端中国区成为方法论、流程IT、人才三个方面的大本营，就像黄埔军校一样，给华为终端品牌的全球拓展输入源源不断的动力。

互动问题

如果您来自欧美或者日韩等国家和地区的国际大公司，请谈谈它是如何做大本营的。

本节金句

华为终端中国区成为方法论、流程IT、人才三个方面的大本营，就像黄埔军校一样，给华为终端品牌的全球拓展输入源源不断的动力。

1.4.2　在G国找到品牌立足的系统化打法

G国是我第一个常驻的海外国家，也是第一次有机会负责一个国家整体的终端业务。写这部分时，脑海里情不自禁地回忆起了点点滴滴的过往。

2008年12月28日，飞机落在G国海拔高达2625米的首都B城，办事处兄弟Owen安排来接机的司机已经在出口处举着有华为logo的牌子，因为有熟悉的标志和同事在，这个国家变得不再陌生。

在从中国来G国的路上，我就收到了直接主管River下达的第一个任务：清理刚送进运营商仓库的第一批UMTS（通用移动通信系统）手机。U8205作为第一款卖进G国的智能机，实现了零的突破，在国内还在为这个事点赞的时候，一线已经面临着产品销售不畅的问题，库存周转期高达130天以上。

这个产品是通过一个在整个拉美片区都有覆盖能力的平台型代理商,大水漫灌式地进入 G 国第一大运营商——C 运营商的,而对于进入后该如何卖,对方和我司人员都没有做好准备。作为消费类电子产品,如何适应客户和渠道的特色,形成不同于系统侧的作战方法,所有人都还没有找到答案。

我提着行李到了办事处,迅速跟代表处同事们问好。初次会面,让我对拉美人的热情印象深刻:握手、拥抱、亲吻对方的脸颊,而且是左右各一下,并且发出亲吻的声音。在出国之前,我已经大概了解了当地的风土人情,但当亲身体验这样热情的贴面礼,尤其是异性的贴面礼时,还是震惊了。

中午负责测试的兄弟 Jimmy 请我出去喝咖啡提提神,帮我倒时差,也带我了解 G 国终端业务的情况。我喝了有生以来第一杯 G 国胡安·帝滋咖啡,伴随着香浓强劲的咖啡香,不只当天白天没打瞌睡,晚上也兴奋得没睡着。Jimmy 介绍了终端团队的组织设置,中方和本地团队分别按职能和客户展开合作,年轻的队伍也有着不错的战斗力。Jimmy 表示因为背靠代表处平台,华为终端与客户的合作紧密,但同时终端也存在产品型号多、产品上市节奏衔接不好、缺乏全局操盘经验等问题。

必须让产品流通到最终用户,否则品牌将朝生暮死

首批智能手机能否卖得好,关系到华为品牌的手机能否在 G 国站稳脚跟。当时诺基亚、三星、索尼爱立信、黑莓、阿尔卡特等品牌已经在 G 国扎根,华为作为一个新进入的品牌,消费者当然不愿贸然选择。代表处的销售 VP(副总)看得着急,直接出资请了 20 多个促销人员来增强地面力量。促销人员散布 G 国各个主要的销售网点,起到了一定的促进作用,但很难大幅提升流速。

我跟负责 C 运营商的本地员工 Adriana 和中方金晓一起到市场上了解 U8205 的终端销售情况,听取代理商和渠道商的意见。回到办公室,三个人封闭了几天,参考中国区类似的清库项目,我们将关键环节一一做了梳理,把进销存数据、资费套餐、竞品情况、市场反馈等情况,全部研究了一遍。

一起盘点了手头的资源、制定了促销方案，并提出了希望运营商能够给予的资费和门店支持。做完这些准备工作，Adriana联系C运营商的市场部老大，说刚到的终端主管要去拜访她并讨论U8205的零售促进问题。对方看了一下日程，答应下周一上午在她办公室见。

此前，我给客户准备了见面礼品，是从国内带来的有中国元素的文化礼品，因为Adriana说客户很喜欢看书，所以我们周五又一起到书店买了一本新上架的畅销书。

周一清早，我们提前赶到客户办公室，对方已经在办公室等候我们。见到客户后，我们开门见山地将华为建议的促销方案和可以提供的资源进行了完整的阐述，并提出希望客户能给予资费和陈列方面的支持。作为一个有决策权的人，客户对我们的方案的细致度和负责任的态度感到满意，谨慎地核对了数据后，当场就给了我们回复。与客户的亲密接触，算是有了个很好的开端。

接下来，我和本地团队一道落实与客户达成一致的方案。通过这一次清库工作，我把C客户涉及Sell through（批发）和Sell out（实销）的组织都接触了一遍，也建立了合作关系。在做的过程中，我慢慢找到了些门道，信心在无形中建立了起来。

要想让品牌在市场扎下根，系统化的打法是基础

通过各种会议、日常配合、刚做的清库项目，我充分感受到团队成员的高素质和很强的工作投入度。团队里人才济济，思路敏锐的台球高手郭一杆、国家级二级运动员Owen、北大毕业的金晓、高大威猛的刘迪、有市场思维的测试经理Jimmy、经验丰富的服务经理毛鹏、行业老江湖Daniel、思路清晰的Adriana、深谙技术的Richard、身材火辣的Vivianna——用现在流行的话来说，就是这是一个能力和颜值双双在线的无敌团队。而且很幸运，由于代表处的大力支持，我们甚至有了其他区非常羡慕的一线促销员队伍。

这样的团队阵容，而且大家都很投入地工作，为什么整体效率不高，市

场份额和品牌影响力都上不去呢？其中每个人对工作的理解不同、相互衔接不畅是最突出的问题：大家各自清楚自己要干什么，但对前后环节分别在干什么、怎么样去配合对方、在什么时间点上该完成什么工作、如何做好下一道工序等没有太多理解。总体来说，就是缺乏全局观、节奏把握不好、衔接不畅。

作为在总部待过、在中国这样的大市场打过仗的员工，我自认为拥有比较全面的视角，再结合当地市场情况和小伙伴们对各自工作的理解，也许能摸索出一套系统化的作战方法，帮助提升作战效率。我希望让不同的角色、有不同工作习惯、来自不同组织的人，能够形成合力，让大家在同一张表格上、同一个桌面上工作。

同时，一个新进入的品牌有一堆问题需要解决：产品路标的规划、产品准入的安排、零售通路的拓展、滞销产品的促销、终端队伍专业性和品牌影响力的提升、与运营商合作深度的加强……怎么把所有的工作进行模块化的分类并予以清晰定义，进而输出可供参考的模板呢？

有了这个思路后，我开始在电脑前持续工作。经过几版修改以及领导、同事们的指正，最终形成了针对运营商转售市场的《终端运作8大步骤、44个标准动作》，并输出了针对日常工作和培训学习的两个版本。这套标准动作不仅总结了整体的运作方法，结合了业务模式和作业流，还融合《孙子兵法》的作战理念，包含了终端与平台的配合以及国家层面和地区部、全球总部之间的配合。作业流和需求变得更清晰，使有限的团队能获得更到位的周边支持，整合更多的资源。

G国的打法后面在地区部和总部都得到了推广，算是G国给公司系统化运作贡献了自己的力量。

在品牌融入前，自己先融入当地文化

既然要开始融入当地文化，那就要知道本地人的生活方式、饮食习惯。我在小伙伴们的帮助下，开始融入G国文化的方方面面。

我到G国后的第一个周日，中方的几个兄弟提议一起去吃西餐。这顿饭算是兄弟们给我上了本地人饮食习惯的第一课。一块恰到好处的牛排配上一杯美味的红酒，瞬间拉近了人与人之间的距离。吃饭前的祷告和对食物的感恩，让人放下忙碌，去好好品尝食物。而当地人特别喜爱的喝咖啡实际上是一种交流的方式，当你开始喝咖啡，你就会有一个非常轻松的空间去畅所欲言。

会一些当地语言，不管是对生活还是对工作，都会方便很多。西班牙语是G国的官方语言，要在城市里生活，至少得学会认数字、打车、点菜、买单、感谢这些基本的会话。而跟客户交流的时候，会一些基本的西班牙语，也会让客户对你刮目相看，至少觉得你认同他的语言，并肯定你的学习能力。于是，我从数字开始练习，有意思的是，对很多中国人来说，学到3的发音就会卡住，而我因为老家荆门的方言里就有颤音，所以自带了学习西语的优势。

中国公司派往海外拓展市场的人员大都是青壮年，但海外客户的高层很多都是资深的职场人士。除了天生的东西方文化差异，一个二三十岁的中国企业代表如何与五六十岁的客户高层沟通，也是个很大的问题。记得代表处半年度会议结束后，代表崔海峰特意安排了我们去打高尔夫球，我从此喜欢上了这项体育运动。在日后与全球客户交流的过程中，我发现这确实是一种世界通用的交流方式。一场球打下来，你和客户之间都加深了对彼此的了解。谁都会更愿意和自己熟悉和信任的人合作，不是吗？

记得有次年度冲刺完后，本地员工安娜邀请我们到她父母家的农场去玩。准备好礼物后，我们欣然前往。这么多年过去了，当时的那些画面依然非常清晰，烤鱼挤上柠檬汁的味道依然是如此让人回味。这个由本地员工发起的活动，比其他任何特意安排的团建活动都让人难忘。从G国离开很久后，收到当时的活动照片，小伙伴们心里仍旧泛起美好的涟漪。

当我被组织调离G国时，本地员工Walid的妻子为我准备了一个小小的送行派对。简单但美味的本地餐配上红酒，让大家的情绪高涨起来。音乐响起，我们手拉手围成圆圈，跳起了舞。告别的拥抱，让人一下子忍不住流泪。

G国同事们用他们的勤奋、虔诚、好学、真诚、爱家、敬业等诸多美好的品质，潜移默化地感染着我，让我体会了另外一种生活状态。

正如作家马尔克斯所说，"生命中真正重要的不是你遭遇了什么，而是你记住了哪些事，又是如何铭记的"。在很多人的印象中，毒枭与反政府武装组织横行的G国，却给我留下了无尽美好的回忆。那些和小伙伴们为了品牌在这片土地上奋斗的岁月，那些为了友情而开怀畅饮的日子，让我一生难忘。

互动问题

1.如果您将要被派往一个陌生的海外国家工作，您想听去过的人跟您分享些什么？

2.如果您是一个在海外征战多年的职场高手，您愿意给初来海外的开拓者一些什么建议？

本节金句

"生命中真正重要的不是你遭遇了什么，而是你记住了哪些事，又是如何铭记的"。在很多人的印象中，毒枭与反政府武装组织横行的G国，却给我留下了无尽美好的回忆。那些和小伙伴们为了品牌在这片土地上奋斗的岁月，那些为了友情而开怀畅饮的日子，让我一生难忘。

1.4.3　如何在R国成为第一品牌

R国是一个资源丰富的国家，经济结构相对单一，一度因为资源成为经济较好的国家，很早就修建了地铁等基础设施。该国技术储备少，物资主要靠进口。穿行在这个传说中盛产美女的国家的首都C城，却不常能看到美女。期待着能在街上遇到美女的同事，被抢劫的歹徒吓得惊魂未定，再也不敢一个人出行。

在R国，华为终端创造了人均每年贡献10美金和手机市场份额第一名的业绩。如果要总结其中的秘密，有三个要点：

与客户紧密合作，赢得市场份额

在运营商主导的R国，华为在系统侧与运营商合作非常紧密。借着这个强大的优势，华为终端团队通过两大机制，与客户在终端上形成利益共同体，从而赢得了市场。

首先是建立与客户高频、稳定、深度的沟通机制。

日常的沟通每天都在进行，包括产品、交付、测试、订单、服务等这些基本的商业动作，形成了畅通无碍的跨组织协同。客户和华为终端也做到了市场信息和观点的分享，比如第三方调研公司IDC和NISLESON出了最新的报告，两边人员会一起来分析和解读。对于市场推广和实战中的得失，每个季度都会做案例总结和分享。

跟客户的深度沟通则通过workshop（研讨会）来进行。比如每年2月份的巴塞罗那展、5—7月的CES（国际消费类电子产品展览会），在邀请客户去看展、了解全球市场最新动态后，华为还会组织客户高层和公司总部高层召开研讨会，就战略合作和全球通信行业发展交换意见，这对于本土客户来说是难得的机会，让他们能够站在更高的位置来理解整个行业。而每年年初，客户的年度规划研讨会，也会深度邀请华为终端参与，邀请输出符合市场需求的roadmap（路线图）。华为终端与客户达成一致的路线图，前置性地开始匹配资源，并在新品发布计划、上市计划、清库等方面与客户很好地配合。

其次是建立与客户的联合作业机制。

海外市场在B to B to C的模式下作业，产品流通和传播工作主要靠合作伙伴一方完成。这个时候，如何与合作伙伴配合好是赢得市场的关键。R国团队积极参与客户购销会、展会，一旦收到客户的邀请，我们一定是准备最及时和最充分的那个，主动解决西班牙语画册、易拉宝、样机和礼品等；与合作伙伴进行联合促销，比如母亲节促销时，我们主动做产品卖点包装和输出促销创意。在营销费用非常有限的情况下,把每一分钱都花在实处……

一点一滴地把工作做好,华为终端在R国迅速地取得了进入终端市场的入场券。同时,凭借着产品、测试和服务等技术优势,华为的手机产品在R国取得了不小的订单。

超前的品牌意识与投入,在当地消费者心中播下品牌的种子

通过运营商转售模式切入市场的华为,在初期对于品牌要不要建、什么时候开始着手建品牌、是建联合品牌还是独立品牌,各方的意见差异很大。

经历过顺利进入市场,但终端在市场销售不温不火,甚至出现滞销的情况后,R国内部很早就通过深入复盘达成共识:品牌不为人知是主要问题,所以R国分部很早就有意识地加强品牌建设。在运营商转售模式下,R国是最早开始尝试做品牌的区域之一。品牌建设主要分成两个不同的阶段:

第一阶段,在2010年以前,线上宣传尚未兴起。对于一个不知名且几乎没有宣传阵地的品牌而言,能让大家看到你的最直接的方式就是在零售点看到你的品牌,所以能主动做的品牌工作就是产品陈列、包装盒露出、自行印制单页,或者出现在合作伙伴的宣传物料里。所有促销员都穿着印有华为logo的服装,发放各种印着华为logo的小礼品。那个时候,每卖一台终端产品,公司财务才会拨给一定点数的营销费用,内部称为CCF(收集、讲座、跟进)的模式;或者是基于客户侧明确的项目,找地区部领导打申请。这些途径是品牌建设的资金来源。

第二阶段,2010年,品牌建设多维度地开展。这个时候,公司开始有了可以提前规划的营销预算,即做完年度销售规划后,同步就有一个营销预算,也允许在产品上市前做投入。而且随着代表处业务逐步发展,也有了足够的财力给予终端更多的支持。这个阶段的品牌工作方式发生了很多变化,开始从原来的项目式,进入了提前和整体规划的作业模式,能够结合产品和市场的节奏,提前去做策划和锁定资源;开始从合作伙伴的店铺里面走出来,进入能触达消费者的更广的空间,比如机场的广告牌投放;采取了更多的手段,比如赞助学校的棒球队以获得当地消费者的情感认同。2011年，我们就开起了海外第一家华为体验店，有了自己的品牌阵地。

用深度合作让品牌在当地生根发芽

2009年，R国政府提出希望华为在本地建手机厂的需求，一则带动就业，二则能够引进技术。对华为代表处而言，这可以很好地解决该国美金紧缺、没法采购终端产品的难题，又能和科技部及该国最大的运营商形成战略合作。

建厂涉及研发、产品线、供应链、财务等多部门的支持，是一个非常典型的跨组织的复杂项目。此事最终在内部汇报了很多轮，在代表的推动下，最终获得通过。R国建合资手机厂的工作被提上了日程。

R国从总部借调了供应链的两名专家常驻，开始做厂房的搭建工作，工厂厂房和仓库的选址则由R国负责。随后关于产品线的设计和搭建，又抽调了制造方面的专家到R国支持。这个过程，中方和R国完成第一轮磨合，也是一线和机关磨合的过程。

工厂在落成的前几个月，合资厂开幕式的工作落到了当时负责MKT（市场营销）的我的手上。因为总统要来，R国和中方都非常重视。我和R国代表进行了多轮沟通，发布会方案也反复进行了修订。开幕式的场地最终敲定后，我们开始紧锣密鼓地搭建会场。有别于其他的发布会，安保措施是重点要考虑的，而媒体邀请则省去了，因为记者们会跟随总统而来，我们只需要准备好需要传达的关键信息，供记者问答环节用。

发布会如期举行，总统的脱稿演讲能力非常厉害，从工厂建设，讲到科技发展；从工人招募，讲到全民就业；从手机生产，讲到减少进口依赖……现场掌声频频响起。我们平时很少有机会见到的R国科技部部长及主要官员、国有电信运营商M的所有高层悉数到场，跟我们一起坐在会场，并在总统做完演讲离开后，一起接受了R国主流媒体的群访。第二天，华为在R国建厂的消息上了当地多家媒体的头版头条，华为的品牌知名度和美誉度在无形中得到了大幅提升。

这场发布会也是我与海外建厂工作结缘的开始。R国代表管总提议我来兼任合资厂COO，与委方CEO对接。管总与终端地区部缙总、浦江总和终端总部的领导们商议达成一致意见后，我被安排到了一个我从来未曾主动规划过的岗位，进入了崭新的工作领域。对工厂和供应链完全没有经验的我，跑步上岗，在制造代表赵工的帮助下，开始学习工厂人、机、物、法、环的基本知识，在痛苦的磨合中，推进前期注资、确定场地、建厂、物料、下单、技术转让等一系列的工作。第一批物料进场后的组装出现了除静电工作不到位的灰尘问题，紧急解决后，合资建厂进入了正常的运转轨道。为什么领导们会选择一个不懂工厂管理的人来承接工厂COO的工作？现在想来，建厂的整个方案，专业的供应链专家完全可以完成，而最让人头疼的在于内外部大量的沟通、谈判、协调与推动，而且合资建厂也是华为品牌在当地生根的重要品牌事件，每一个进展都将成为当地老百姓关注的话题，所以我就被赶鸭子上架了。

当企业的国际化进入深水区的时候，不再只是一个单纯的销售工作，各国政府可能会像R国一样要求企业在本国建厂，也可能公司会看中当地的人才资源，从而设立研发中心；当然还可能在当地设立品牌中心、媒体中心等等。公司的发展逼着所有人不断学习。我从一个新手开始，跑步上岗开始接触合资厂的管理。离开R国时，我系统整理了合资建厂工作的方方面面，输出了《合作、斗争、妥协、共赢》的小册子，给这段经历做了个总结。这些在海外国家的职能机构，就像公司在不同的土壤播种后长出的新苗，不断去寻找和摸索有效的管理方式，全球组织才能更加多元和丰满，也才能以足够的柔性去适应发展。

互动问题

1. 如果您处于海外拓展刚刚起步的阶段，请谈谈您面临的困难。
2. 如果处于海外拓展的深水期，请谈谈您面临的困难。
3. 针对以上困难，您采取了哪些方式去解决。

> **本节金句**
>
> 这些在海外国家的职能机构,就像公司在不同的土壤播种后长出的新苗,不断去寻找和摸索有效的管理方式,全球组织才能更加多元和丰满,也才能以足够的柔性去适应发展。

1.4.4 借由新品类和新渠道,在日本为品牌破局

在日本手机市场,本土品牌和美国品牌非常强势,苹果独占一半,本土品牌其次,中国品牌生存比较艰难。

本土品牌众多,如索尼、松下、京瓷、NEC、夏普等。以夏普为例,作为本土知名品牌,它拥有高清屏幕、高像素摄像头等硬件方面的优势,但夏普手机系统自成一体,无法安装其他的软件,只能使用该公司自己研发的软件,用户不能使用市面上各种流行的应用软件。同时,本土手机品牌有些守旧,对全面屏、屏下指纹、双摄像头等技术不感兴趣。

日本市场基本可以算是苹果手机在美国以外的第二个本土市场。苹果手机在日本市场之所以能取得如此地位,主要由于以下的原因。首先,苹果的软件系统强大。在功能机时代,日本的运营商就建立了一套封闭系统,这套系统也过渡到了智能手机时代,而苹果手机带来了更好的体验。其次,苹果手机的硬件基本一半都是日本造。摄像头用索尼,液晶面板用夏普,光学防抖用三美电机和阿尔卑斯电器,高频部件用TDK,LED背光模组用美蓓亚。苹果手机从产品体验和情感认同上都满足了日本市场。最后,日本是运营商主导市场,合约机依然是主要形式,三大移动运营商对手机销售起着至关重要的作用。对于运营商而言,它们需要通过终端盈利,苹果的高利润让它们大力推广iPhone。

华为终端在这样的竞争态势下,凭借着跟市场主导玩家运营商的深度连接,通过定制手机和运营商转售模式,获得了一席之地,但品牌和产品在消

费者心中都没有什么特色。

好在市场永远是变化的，从2006年到2007年，日本已经建了不少3G网络，但3G网络擅长的数据业务并没有发展起来，消费者对数据业务的需求离设想的差距很大。深刻理解运营商痛点的华为，凭借着及时高效的开发能力，率先在市场上推出了数据卡产品，致力于让商务人群可以使用移动3G网络的数据业务，随时随地无线上网办公。华为终端团队主动与合作紧密的E运营商高层团队一起，对运营商移动数据业务的营收进行了深入分析，尝试一同将这个市场扩大。其中一款即插即拔、免安装的数据卡E227被E运营商看中，进入市场。新产品上市，初期因软件出现了兼容性问题，遭到客户投诉。产品团队不分昼夜，24小时技术攻关，对症下药，兼容性问题得到了解决，对其他质量方面的问题，也进行了一次彻底梳理。一个月后，E227重新上市，半年后超过日本的一家本土供应商，成为市场份额第一，同时数据卡也帮E运营商在日本市场快速提升了市场份额。在市场份额获得高速增长的时候，质量过硬、使用方便、外观小巧的数据卡产品收获了第一批种子用户。

经过第一轮的市场测试，并取得了不错的市场反响后，华为在移动终端市场终于形成了差异，赢得了一定的口碑。后来，日本的其他几家运营商纷纷主动向华为终端抛出了橄榄枝。在E227之后，华为终端新研发的E5获得了日本最佳移动设备奖，成为"办公一族"人手一个的标配产品。日本市场的数据卡份额基本被华为占领。随着数据卡产品被大家认可，华为品牌给日本的消费者留下很好的印象，知名度和美誉度大幅提升。

除了在新品类上的突破外，华为在新流量上的突破则有效地实现了华为手机在日本的破局。2013年，日本人的消费行为在悄然发生变化，人们在消费升级的过程中对品质和个性有了新的需求。一些不知名的品牌在不断地涌现，以满足这种个性化消费需求。另外，谈到日本，很多人的印象是老龄化严重，但随着时代的发展，愿意网购的人越来越多，而手机数码这类电子产品在日本的销售占比很高。日本消费者选择网购的主要原因是便利，老年群体也不例外。数据也显示日本女性在网购上的消费水平远高于男性。

日本本土电商R公司，产品品类繁多，包括电子产品、服饰等，其业务领域延伸到在线支付、数字内容、在线营销和通信服务平台，收购了超过25个国家的电商平台，向全球进行扩张。经过日本代表处终端团队的拓展，R公司有了初步的合作意向。R公司安排负责采购和运营的社长带队，到华为深圳总部参观交流。

当时在总部营销体系工作的我，被安排和终端CMO（首席营销官）Victor一起接待了来自R公司的高层客户。带队的社长50多岁，身着笔挺的西装，精气神十足。他们借这次的深圳之行，希望看看中国蓬勃发展的电商，另外也希望寻找质量过硬、价格更优的手机供应商。在整个交流过程中，这位老先生在他的大笔记本上一笔一画地记录着会议的关键信息。后面的工作由日本团队继续跟进，R公司开始在日本市场尝试销售华为的手机产品，检测产品质量和消费者的喜好度。

几个月后，华为终端的电商部门已经开始高速发展。此时负责海外电商的我接到日本市场部老同事Yuki的电话，说R公司的那个社长会再次来深圳，这次的交流，对方希望更直接全面地了解产品，并商议如何打造爆品。这次的交流一改上次我们讲、对方听的形式，他们就产品提了很多问题，也对日本市场的特点及如何打造爆品提出了很多自己的想法。比如由于日本女性管理家庭的开支，所以赢得女性的青睐是重中之重。对于"银发一族"来说，关注的点主要是简便，卖家应更多地关注产品销售流程的流畅性和使用的便利性。

不久后就听说客户已经给终端团队下了第一个手机PO（订单），并决定将一款产品确定为主推的产品，我有幸参与联合营销方案的制作。日本Instagram用户进行标签搜索的次数是全球平均水平的5倍，日本消费者习惯于用社交媒体了解商品。因此，我们选择Instagram等社交媒体作为营销的主要阵地，提前制作了本土化、有趣且真实的内容。另外R公司的后台数据显示，在购买习惯和影响因素上，87%的日本消费者愿意支付更高的价格购买使用寿命更长的产品，78%的买家表明会因为高质量的图片和视频而选择产品，所以我们着重采用高清图片和视频详细展示产品信息，采用了360度展示和多角度的悬停效果等手段。通过和R公司的紧密配合，华为手机的首销很成功，准备的货品当天售罄，双方团队都信心大增。

通过另辟蹊径，在新品类和新增流量上找到突破，华为终端在相对封闭的日本市场实现了销量和品牌的双增长。

为了庆祝手机顺利在R公司上市和首销，日本的主管自掏腰包，请我们去吃了一顿沿袭了禅宗思想和茶道文化的怀石料理。每一道菜都是在客人点餐后才开始制作的，遵守先冷菜再热菜的顺序，这能体现料理的新鲜度和口感，也让厨师更从容地烹饪。适当地加热或冷却盛装食物的器皿，让客人热菜可以趁热吃，凉菜可以趁凉吃。餐食的供应也有严格的流程，分成四大部分，前菜、主菜、主食、甜点。其中前菜种类最丰富，但每样的分量极小；前菜上完后，热的主食烹饪完成，有烤制、蒸制、煎制、煮制的牛肉、禽肉、鱼等等，接着是米饭等主食；最后会上一些甜点，包括蜜瓜、葡萄、桃等甜美多汁的水果。整个流程下来，客人感受到无上的尊贵和身心的舒适愉悦，怀石料理向我们展示了一个品牌的极致待客之道和经营之道。

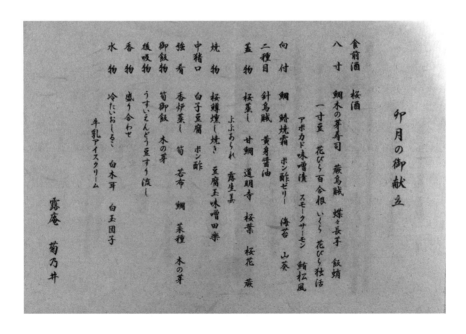

从日本茶道发展而来的怀石料理，在名称、内容、材料、调味料等方面都做到极致，只为给客户带来最好的体验。对于一个在日本拓展的中国品牌而言，何尝不需要基于对当地客户的认知，全流程地提供给客户最贴心的产品和服务呢？华为品牌在日本市场实现破局后，这场修行才刚刚开始，还有很多的工作需要去做。

互动问题

1. 您知道哪些通过新品类实现市场突破并迅速成长的品牌？
2. 这些品牌做的哪些工作是实现突破的关键？

本节金句

通过另辟蹊径，在新品类和新增流量上找到突破，华为终端在相对封闭的日本市场实现了销量和品牌的双增长。

1.4.5　善用欧洲资源在品牌高地站稳脚跟

《逍遥游》里说："北冥有鱼，其名为鲲……化而为鸟，其名为鹏……怒而飞，其翼若垂天之云。是鸟也，海运则将徙于南冥。南冥者，天池也。"华为终端从制定了"做全球消费者喜欢的科技品牌"战略的那一刻起，就是以"天池"这个罕至的高度为目标的，这就注定了欧洲对于华为终端的重要性就如"鹏徙于南冥"所需要的"海运"。简单说，就是想成为全球性大品牌，就必须借助欧洲的能量，借到品牌高地欧洲的"势"。

关于如何借到欧洲的"势"，本节用几个代表性的国家来向读者介绍。

德国

华为终端西欧地区总部位于莱茵河畔的杜塞尔多夫（下文简称杜塞）。杜塞是德国北莱茵－威斯特法伦州首府，也是德国西部重要的经济、金融中心和交通枢纽，从杜塞去欧洲其他国家非常方便。杜塞是德国广告、服装和通信业的重要城市，是很多公司欧洲总部的所在地。杜塞是有名的博览会城市，每年四季都举办各个行业的国际大型展览会，同时也是19世纪德国诗人海因里希·海涅的出生地。莱茵河缓缓穿越市区，整个城中不见高楼大厦。

在与德国人交往时，你能从方方面面感觉到其严谨的民族个性。德国人见面用语的意思是一切就绪，德国人的口头禅之一是"让我看看记事本"。德国的地铁里没有防止人们逃票的闸机和玻璃门，但一旦逃票，将受到重罚。德国人在墙面贴瓷砖时，瓷砖间抹灰缝隙的标准宽度是5毫米，一是便于钉钉子时不破坏墙面，二是便于清洁，三是让瓷砖连缝的误差更不显眼。

德国团队的成员和很多国家的一样，由本地团队＋本地华人＋中方外派三组力量构成。初期与德国本地的同事合作是件很不容易的事。刚到欧洲去办发布会，当地的员工主管直接找到我问："你是来干吗的？"经过磨合后的德国本地团队做起事来是非常靠谱的，计划性强，非常职业化。

写到德国时，必须说说汽车。只要是对汽车有所了解的人都知道梅赛德斯-奔驰、宝马、奥迪、保时捷等世界级的德国汽车品牌，它们在一定程度上成了当今世界高品质车的代名词，尤其是保时捷，在很多人心目中是有高设计水准和彰显身份的车。

华为与保时捷集团旗下的PORSCHE DESIGN的合作，在初期确实是一个很大胆的想法，但因为对芯片、创新技术、产品体验的信心，华为终端决定跟世界顶级的高手过招，启动了与保时捷的接洽。华为Mate系列保时捷设计由此而生，Mate 9保时捷设计、Mate 10保时捷设计两代产品上市之后就一机难求，溢价翻倍，成为中国手机高端定制的标杆。性能与奢华美学两者的完美结合是华为保时捷手机成功的关键。

德国诗人海涅说："春天的特色只有在冬天才能认清，在火炉背后，才能吟出最好的五月诗篇。"此刻坐在灯下，我深刻地体会到那时候与高端品牌的合作对华为品牌的崛起所发挥的作用是明确而深远的。

英国

英国人是趋于保守的。一般英国人都会倾向于选择质量上乘的产品，且长时间细心使用。经过前期精心的客户拓展，华为进入了英国市场。

英国作为一个老牌资本主义国家，其电信行业的市场运作是很成熟的。作为市场第三的H运营商以很多的创新形成了很好的上升态势。在双方的合作下，对方拥有了差异化且有竞争力的产品，有了善于互联网运作带来的线上流量；我方实现了品牌高调登陆英国的目标。正所谓："你和谁站在一起，决定了你出场的高度。"

随着华为国际化进入深水区，能力建设的要求更高，华为开始逐步吸纳全球各地的顶级人才和资源，最大化地发挥全球各地的人才优势，将所有的成果全球共享。华为终端在伦敦设置中心，也是出于伦敦对全球性品牌和营销资源获取的考虑。伦敦中心实现与全球性的媒介资源、PR（公共关系）资源、广告公司资源的合作。

法国

法国是个浪漫、自由的国度,是世界现代思想的发源地。这里诞生了爱马仕、香奈儿、迪奥、路易威登、欧莱雅等等耳熟能详的国际大品牌,是时尚的汇聚地。

除了各大时尚品牌吸引着全球用户,法国戛纳一年四季举办的各种活动也特别吸睛:国际赛船节、国际音乐唱片节、国际游戏节、购物节等等,5月的国际电影节和7月的广告节最为引人注目。

华为终端尤其是P系列定位为时尚潮流之选,而戛纳电影节是十足的时尚盛典,如果能与其形成有机结合,那对华为品牌的时尚潮流特质会形成很好的加持。2018年5月8日,第71届戛纳国际电影节开幕,中外游客心驰神往,不仅是普通游客,诸多摄影大师也纷纷取景法国,只为了拍出心中那张独一无二的照片。在这样人文和风景都极美的戛纳,用华为P20 Pro手机留下美好的回忆再好不过了。以此为出发点,华为终端策划了戛纳电影节"致敬梦想,驭光而生,光影成诗"的营销活动。华为P20系列直击2018年戛纳国际电影节的红毯,一展拍人拍景的绝佳效果。

华为品牌借助戛纳电影节和广告节这类平台,与当地,也与世界有了深度的连接。

除了时尚的资源,华为终端也与法国的技术人才深度合作,设立法国研发中心,主攻标准专利、算法、美学、图形芯片设计,让华为终端在这些领域的能力一跃成为世界领先。

西班牙

西班牙是一个疯狂热爱足球的国度,而首都马德里则是名副其实的足球之城,随处可见的足球场让踢球成为一项最大众化的运动。马德里就有两支知名球队,其中皇家马德里球迷更多是在马德里市中心,而马德里竞技球迷则大多分布在马德里南部的郊区。

我从来没有想过自己会出现在马德里竞技和皇家马德里的比赛现场，还是以赞助商的身份。也是从这一次赞助开始，华为走上了足球营销之路。马德里竞技与当时华为手机的中档产品的消费人群匹配度高，马德里竞技的红白竖条纹球衣和华为的红花白底 logo 放在一起时，浑然天成。我们设计的赛前预热、赛中热场、赛后热浪的宣传物料得到了马德里竞技球队和球迷们的喜爱，很多物料被球迷们作为纪念品带走收藏了，而从马德里竞技俱乐部买的球星签名球衣也成为后续华为品牌足球赞助之旅的纪念物。

在传播上，借助着在电视频道 TeleMadrid 等当地发达的传媒渠道上的曝光度，华为品牌可谓变得家喻户晓。

在华为赞助马德里竞技的时候，G国也有一名足球运动员法尔考效力于马竞，其左右脚均可以玩出精度极高的射门，瞬间射门的能力堪称一绝。当2015年华为赞助西班牙马德里竞技时，我们也做了一次西班牙和G国足球营销的联动，充分体现了全球化品牌在国家和区域之间的协同和共振。

波兰

波兰位于欧洲中部，是自2005年以来营商环境改善速度最快的欧盟经济体。鉴于其地理位置、市场容量、营商环境等方面的因素，华为东北欧的总部就设在波兰的首都华沙。

华为终端波兰的小伙伴们在这里的创造了一个坐火箭般拔地而起的故事。2015年初，华为智能手机在波兰市场份额仅有1.3%，2015年底，GFK第三方报告数据显示，华为在波兰的智能手机市场份额已超过20%。如果要分析迅速崛起的关键是什么，应该有三点：前期已经完成了渠道和零售伙伴的拓展，到达消费者手中的通路已经打通，具备了起量的基础；看准机会后，敢于集中波兰全年的资源，在旗舰产品上市初期大举投入，做到让消费者在一定时间内看到足量信息、记住华为；准确地洞察当地消费者，寻找合适的方式与其沟通，针对斯拉夫民族崇尚力量的性格，华为请了当地国宝级足球明星做代言，针对波兰人民务实的作风，华为终端则充分展示自己产品的性能，去各种机构做评测。看得到的是一年内一飞冲天，看不见的是数年销售网络的构筑和对消费者的深入理解。

东北欧小国众多，每个国家的市场规模和团队规模也相对较小，很难像在大国那样建立整建制的团队。各国的相互影响很大，文化也有很多相通性，总体分为斯拉夫文化、日耳曼文化、拉丁文化三种文化。基于这些特点，东北欧以波兰为基地，逐步开始探索"中央厨房模式"，输出给各个国家的不是"原材料"，也不是单一封装好的"成品食物"，而是可供选择的各菜系"半成品"，类似粤菜、川菜、京菜的菜系，给出了斯拉夫、日耳曼、拉丁等"菜系"的半成品套餐。各个国家的团队在半成品的基础上，迅速地去做适配和落地，大大提升了作战效率，在确保华为品牌的一致形象的同时，在各个国家进行差异化的表达。

芬兰

芬兰是曾经的手机行业霸主诺基亚的老家。华为终端在2017年就超越苹果和三星，勇夺芬兰市场份额第一。东北欧终端团队是如何做到的呢？

芬兰是一个极寒的国家，该国消费者也极度理性。很多手机在室外常因寒冷而开不了机，而华为却能在极端环境下正常使用，使用过华为手机的芬兰消费者认为华为是一个非常可靠的品牌。基于对消费者的洞察，芬兰团队通过各种方式进一步强化了这个印象，让人一想到要买品质过硬、性能可靠的手机就想到华为。

华为团队请来了媒体和消费者参观华为芬兰研究所，该研究所下设两个实验室：一个是位于赫尔辛基的可靠性能力实验室，主要目标是提高华为产品的可用性、可靠性。手机使用可能遇到的意外跌落、推挤压弯及特殊场景下的测试实验都在这里完成。另一个是位于坦佩雷的音频实验室，专注于多媒体的各项性能提升。该实验室起初由诺基亚设计建立，后经华为升级重新投入使用，是目前世界上顶尖的音频实验室之一，承担着测试华为声学组件，测试产品及其附件的音频性能，及音频增强算法技术开发的任务，为华为产品的音频体验提升提供了持续的动力。

在传播资源上，华为芬兰团队也根据国情，选择了芬兰人很喜欢的冰球运动作为载体。在2015年8月，华为与芬兰约凯里特冰球队签订了赞助协议。

互动问题

1. 如果您正在做全球化的品牌布局，您准备怎么开始欧洲市场的工作？您面临哪些困难？

2. 如果您曾经在欧洲旅游或工作，您看到了华为终端的哪些品牌行为？

本节金句

华为终端从制定"做全球消费者喜欢的科技品牌"战略的那一刻起，就是以"天池"这个罕至的高度为目标的，这就注定了欧洲对于华为终端的重要性就如"鹏徙于南冥"所需要的"海运"。

名词术语

1. OEM是英文Original Equipment Manufacturer的缩写，直译为"原设备制造商"，也被称为"代工"。指制造商根据品牌商家的要求，为其制造产品。OEM最典型的代表是"三来加工"，品牌方提供原料、技术、设备，制造商按其要求的规格、质量和款式，进行加工、装配，并收取加工劳务费。制造方不能冠上自己的名称或者给第三方生产。

2. ODM是英文Original Design Manufacturer的缩写，直译为"原设计制造商"，俗称"贴牌"或者"白牌"。指产品的设计到生产都由制造商自行完成，若产品被品牌商看中，要求直接或稍做修改后配上品牌商的名称来进行生产。制造商能否为第三方生产同样的产品，取决于品牌方是否购买该设计方案。

第 2 章

HUAWEI

孵化新品牌荣耀

2.1 荣耀品牌定位的变迁

2.1.1 第一阶段：华为子品牌荣耀（2013—2017年）

2013年，手机产品技术发生了很大的变化，商业模式也经历了一场全新的变革，那就是电子商务的兴起，尤其是移动互联网的普及让电商的风口来临。我们先回到当年，看看整体情况。

从宏观环境来看，2013年，世界经济仍处在深度调整期，国际金融危机的深层次影响尚未消除，世界经济复苏缓慢。国家统计局发布的信息显示，2013年中国的GDP年均增长率超预期地达到了7.7%，其中消费起到了很大的支撑作用。中国的在线零售总额超过美国，成为世界第一大电商经济体。

从行业来看，IDC数据显示，2013年全球手机出货量达到18亿部，同比增长7.3%；其中智能手机首次突破10亿部，是带动手机市场增长的主要动力。这一年"双十一"期间支付宝的交易额达到350亿元，京东全年交易额达到1000亿元；腾讯微信推出支付功能，成为电商领域的一大助力，也是很多企业O to O的理想平台。随着互联网在购物和传播领域的渗透，很多企业开始考虑转型。线下零售企业苏宁实现线上线下同价，化身O to O的先行者；传统农业的代表褚橙，也积极地投身电商大军，利用电商平台和网络口碑传播效应，一时间火遍全国，成为"励志橙"。

从客户来看，《2013年中国互联网发展状况统计报告》提到，随着中国网民达到6亿（其中手机上网人数为5亿），网络购物人数达到3亿（其中手机网购达1.44亿）。网购成为一个增长最快的购物渠道。同时，消费者通过电商平台的购物评价等网络工具,批评差的产品,推荐好的产品,表达没有被满足的需求等,成为企业发展更直接的动力。

从竞争来看,在2013年年初的赛诺数据报告中,小米以销售700多万部手机的成绩横空出世,占线上份额90%。华为终端在大吃一惊后,展开了全面的研究。友商小米2010年成立,通过线上销售、互联网营销等手段,另辟蹊径,迅速杀入了手机市场。小米手机以高性价比从电商渠道切入,2013年销售1870万台,是2011年刚"出道"时的30万台的60多倍。小米通过销售渠道电商化,营销方式互联网化,让消费者深度参与产品开发、测试、营销和服务的过程。几乎没有什么营销费用的小米,在论坛、微博、QQ空间、微信等渠道上炒话题和搞活动,将用户纳入了产品的整个生命周期里。

从自身来看,2013年华为终端凭借P6的成功,在中高端市场站稳了脚跟。以小米为代表的互联网手机迅速崛起,给华为终端带来了启发,华为决定选择内部的高性价比系列"荣耀",主攻互联网手机市场。关于荣耀的定位,内部争议很大,主要有三种观点:第一种,认为资源和能力是有限的,应该聚焦做好一个品牌,将荣耀作为产品系列名,就像韩国的三星手机下设A、W、Galaxy等系列;第二种,建议将荣耀定位成华为的子品牌,学习宝洁建立飘柔、海飞丝等子品牌,借助华为品牌的知名度和美誉度,起点高、传播快;第三种,建议荣耀定位成华为集团下的双品牌之一,参考宝马集团的BMW和MINI两个品牌,分别覆盖不同的人群,在市场运作上完全分开,以更清晰的品牌定位,取得更大的整体市场份额。

2013年12月16日,荣耀3C正式在北京发布,时任华为终端总裁余承东宣布,荣耀品牌作为华为的一个移动互联网子品牌正式"单飞",主打年轻消费群体。这个时候的荣耀应该算是采取了以上描述的第二种定位,即华为的子品牌。荣耀3C背面换上了"HONOR"标志,但手机背面和包装盒上打着"华为技术有限公司"的字样,荣耀和华为共用一个售后服务网络,充分借势华为的品牌、技术、销售服务网络等资源。接下来的一年,在与小米的学习和对抗中,荣耀迅速取得了2000万部的销售量和近30亿美元销售额,以近30

倍的增长成为手机行业成长最快的品牌。

2015年经历了"荣耀408全球狂欢节"、618销毁问题手机、"加1元送1年维保""双十一""双十二"等一系列的战役，荣耀在这年超越了小米，获得了4000万部手机销量的战绩，销售额达到50亿美元。

随着荣耀的发展，其在线下渠道和零售体系对华为品牌造成了冲击。2016年年初，华为公司决定荣耀可以充分发展线下，满足消费者的购买习惯，但需要自己从零开始建设线下销售网络。很快，华为和荣耀在线上线下销售渠道做了彻底的拆分。线上荣耀和华为天猫店拆分，销量顿时下滑40%；线下荣耀全员皆兵，很多区域从一个人开始，在没有办公室、只能到麦当劳谈事的简陋环境下开始了客户拓展。线上线下网络拆分带来的阵痛，让2016年的荣耀没有达成太亮眼的销售目标，但荣耀完成了线下渠道自建，并且将荣耀8和荣耀6X做成了爆品，为2017年坐稳互联网手机领导品牌首位做好了铺垫。尤其是2016年12月发布的Magic手机，其Magic Live智慧系统让媒体大呼"看到了手机的未来"。

赛诺发布的2017年手机销售数据显示，荣耀销售5450万台，获得789亿元销售额，超越小米，再次登顶中国互联网手机第一品牌。这实属阵痛和酝酿之后的结果了。

2.1.2 第二阶段：华为和荣耀双品牌分开运作（2018—2020年11月）

2018年，华为总裁任正非在华为消费者BG业务汇报及骨干座谈会上讲话，谈及华为与荣耀双品牌的发展时指出：华为和荣耀双品牌分开运作，华为品牌走向高端，荣耀品牌面向年轻人市场，形成"双犄角"，各自应对不同的客户群体和市场。荣耀团队积极响应，在2018年升级了品牌形象，全面开启了双品牌时代。

2018年12月26日，在荣耀五周年庆暨荣耀V20新品发布会上，荣耀总裁赵明正式宣布启动品牌升级，启用新 logo、新视觉和新 Slogan，并表示"未来，荣耀在全球化、技术创新上将持续进行战略升级，只有夯实基本盘，品牌升级才能有本所依，形成品牌和战略的双轮驱动。"

在产品方面，荣耀重构了产品线，V 系列定位为先锋科技、数字系列定位为潮流科技、X 系列定位为超能科技、Play 系列定位为潮玩科技。多条产品线提供丰富的定位，方便全球年轻人选择适合自己的科技潮品。

在零售形象方面，基于新的品牌视觉，营销和零售团队一同刷新了店面的 SI，并开始尝试全新的荣耀 Life 店的包装和运营模式。

在社区经营方面，年轻人社群荣耀青年派（含科技派、设计派、个性派、公益派）也在 2018 年启动。其中青年派在 2019 年荣耀周年庆典上还为"荣耀青年"代表颁奖，呈现出了打造品牌自有 IP、与年轻人文化思潮共创的局面。

营销和品牌团队做了多方面的尝试。这些尝试，有的市场反应良好，比如形象更新更时尚；有的虽然有很好的创意，但在执行中出现了衔接不畅的问题，比如联名版。这些都成为荣耀品牌建设中最宝贵的经验，在探索中不断完善，总结出自己的打法，并持续迭代和积累品牌资产。

2019年是手机市场整体下行的一年，绝大部分手机品牌销量均出现下滑，而荣耀和华为成为唯二正增长的品牌。这也验证了品牌形象、产品系列重构、零售店面升级等诸多围绕品牌协同联动的策略的有效性。这一年，公司针对荣耀员工的单台提成奖和每季度的奖金包都是沉甸甸的。

2.1.3 第三阶段：荣耀成为服务于全人群的全球智能终端提供商（2020年12月至今）

受美国制裁的影响，2020年11月17日，华为投资控股有限公司决定整体出售原属华为旗下品牌荣耀的全部业务资产，收购方为深圳市智信新信息技术有限公司。这次是更加彻底的一次切割。荣耀作为一个完全独立的品牌，研发、供应链、生产等都完全实现自建。从华为剥离出去的荣耀，迅速完成内外部的梳理，高频度地推出有竞争力的新产品。

同时，荣耀也对品牌进行了全面的梳理和刷新：

•荣耀品牌的覆盖人群从最初的"主打年轻消费群体"扩大到"覆盖全档位，服务于全人群"；

•品牌定位则从"面向年轻人的科技潮牌"调整为"全球标志性的科技品牌"；

•品牌愿景从最初的"创造一个属于年轻人的智慧新世界"调整为"创造属于每个人的智慧新世界"；

•品牌口号从"for the brave"调整为"GO BEYOND"；

•品牌形象从"极致性价比"调整为"创新、高级、自由、可信赖"。

第2章 孵化新品牌荣耀

所有的调整都将独立出来的荣耀引向更广阔的市场空间，而从市场营销和品牌动作来看，几乎都聚焦于荣耀的技术和产品，就像一个不折不扣的理工人。

通过以上三次大调整，荣耀实现了三次跃迁，从一个产品系列到子品牌，再到双品牌，最终到完全独立的品牌。华为终端也裂变成两个智能终端产品公司。

国产手机公司看到华为和荣耀组合拳的优势，纷纷发展双品牌或多品牌战略，如中兴＋努比亚；酷派＋大神；小米＋红米＋黑鲨；OPPO＋一加＋realme等，但要把两个品牌或多个品牌都做成明星品牌，并不容易。从企业自身来看，成立一个新的品牌，考量的是目标人群维度、销售渠道维度、竞争维度、价格档位维度，而这些因素不是孤立的，当交织在一起时就会有矛盾，与原有品牌形成冲突。国产手机OPPO和vivo曾经都属于步步高集团，但后来经过股权变更，OPPO脱离集团，成为一个独立经营的公司，所以OPPO和vivo的矛盾和冲突就简化成两个公司的竞争。而在同一个平台建立双品牌和多品牌的公司，因为共用资源，面临的矛盾和冲突就会比较多。

回顾荣耀的发展历程，我们可以看到，荣耀从一个产品系列，逐步变成独立的知名品牌，过程是跌宕起伏的，但最终能走通，我认为与以下四个"法宝"密不可分。

首先，荣耀团队坚定不移地塑造自己的品牌形象，自力更生地培养自己的综合能力，而不仅仅将自己定位为一个销售组织。这样做使得荣耀经历三次品牌定位调整期后，迅速爆发战斗力。

其次，年轻的荣耀团队能不断地快速学习，快速应对挑战，快速复盘与创新，形成自己的作战风格，从而实现从学习到超越。

再次，公司管理团队富有智慧地处理了定位、渠道、产品之间的矛盾和冲突，让两个品牌都有了长足的进步。虽然中间出现过左右手互搏的情况，但凭借着及时和有效的调整，最终实现了1＋1＞2的效果。

最后，公司对新生的荣耀组织给予了相对宽松的政策，从初期的子品牌借力母品牌，到单台提成奖以鼓励形成规模，再到出售时给予荣耀员工的丰厚内购政策。在不同的环境中，能很好地解除后顾之忧，让荣耀团队放手去突破，公司对荣耀足够的支持是荣耀成长壮大的原动力。当然荣耀高速发展带来的现金流、轻资产运营产生的利润，以及出售后给公司"输血"，也是荣耀最好的反哺。

数据统计机构 Strategy Analytics 发布的报告显示，2022 年第二季度，国内智能手机出货量为 6770 万部，同比下降 14%；其中，荣耀以 19% 的市场份额登顶，成为国内最大的智能手机厂商。荣耀用短短一年半的时间，完成了坠入崖底到摘冠的全过程。

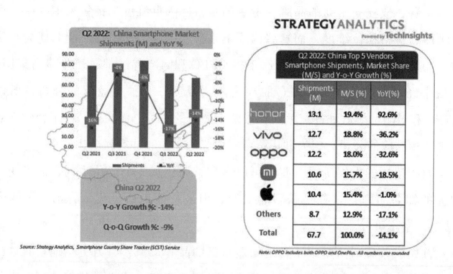

手机市场的格局瞬息万变，你方唱罢我登场。没有哪一个品牌会永远立于不败之地，只有顾客才是永远的上帝。

听说面对市场份额的急速攀升，荣耀的小伙伴们在欣慰之余也格外平静。熬过了最艰难时刻的荣耀，将更加专注地为消费者服务。

互动问题

1. 您的企业需要向新的细分市场拓展吗？
2. 您觉得应该去孵化新的品牌吗？

3.您觉得孵化新的品牌和将原有品牌多元化,各自的利弊是什么?

4.在什么情况下,您觉得去孵化一个新的品牌更好?

本节金句

没有哪一个品牌会永远立于不败之地,只有顾客才是永远的上帝。

2.2　穿着互联网的鞋,起步即全球

大家可能会发现,近些年不同品类的新品牌都表现出了迅速、强劲的生长能力,品牌的建立和发展呈现出加速的趋势。网络平台品牌,比如今日头条、拼多多等在很短时间迅速崛起;新消费品牌的声量不断扩大,美妆领域的花西子、薇诺娜药妆等品牌异军突起,霸榜电商节;智能驾驶领域,特斯拉、问界、理想等一大批汽车品牌迅速被大众所熟知……分析这些品牌的崛起过程,会发现一个共同的特点:充分洞察市场变化,当行业大趋势来临的时候,品牌借势而起提供相应的产品和服务,就会事半功倍。大趋势可以是消费习惯的变化趋势,也可以是技术革新的趋势。

荣耀乘着互联网的大势,在新的流量入口开辟了一个新的舞台。小伙伴们自豪地喊出了"穿着互联网的鞋,起步即全球"的口号,充分体现了当时荣耀借由互联网的力量在全球迅速拓展的状态。我被互联网的引力吸引进荣耀,在荣耀海外业务部工作的时候,着实体会到了互联网作为先进生产力的威力。荣耀借助电商销售、互联网传播、粉丝运营、数字营销等互联网工具,迅速取得了势能,在各地市场开枝散叶。

本节我们重点谈谈荣耀是如何把握消费者的购物习惯,在全球拓展市场

和建立品牌的。虽然案例都是几年前的，但其中洞悉变化、拥抱变化的思考和行动，对已经到来的新一轮技术革命也具有一定的参考意义。

人工智能与物联网技术正在呈现爆发式增长，和互联网所带来的革命一样，无疑也将萌生新渠道、新触点、新入口、新玩法和新风口。行业周期一旦开启，变化纷至沓来，如何顺着大势而发展，这可能是咱们现在回到互联网来临初期看荣耀发展的意义所在。

2.2.1　从电商渠道切入

拥抱国内销售渠道的变革

荣耀之所以能够在2013年，即成立仅两年后就迅速地占领市场，是因为产品有竞争力，也因为荣耀及时地拥抱了移动互联网电商的大潮。移动端的电子商务让人们可以坐在马桶上下单、躺在床上下单，可以在上班时间逛商城，可以在半夜去抢购紧俏商品，全球的各种产品都唾手可得。简而言之，购物行为摆脱了传统模式中时间和空间的限制。再加上PC时代的网络购物已经逐渐摆脱了假货和廉价货横行的状态，厂家纷纷进驻电商旗舰店或者自己做商城，高品质的产品和及时的退换货服务让消费者对网购的兴趣直线上升。也正是在这个时候，华为商城从原来一天只能卖几台手机，到后来日进斗金，业绩呈现数百倍的增长。

说到国内电商，天猫双十一和京东618是每年必争的两场大战役。2015年是中国智能手机增长放缓的一年，但也是荣耀强势崛起的一年，凭着过硬的品质以及能打的操盘和营销队伍，荣耀手机在这一年的两场电商大战中取得了不俗的战绩。11月12日早晨，荣耀官宣获得了天猫手机品类销量冠军。"加一元多十分品质保障"的政策带动了互联网手机圈从拼价格和拼配置的时代过渡到追求新技术和创新的时代。从那一次起，荣耀开始成为互联网手机的风潮引领者。

荣耀充分利用电商渠道在商品展示、商品交易、商品物流等方面的高效率，省去了大量的中间成本；同时因为可以零距离接触消费者，所以能够更加了解消费者的反馈与其并形成互动，更好地为用户服务。选择从电商渠道切入，让荣耀一开始就加载了先进生产力。

当互联网流量红利的获取成本越来越高、各大电商开始在线下市场攻城略地的时候，荣耀经过艰难的沟通，获得了公司战略层面的松绑，得以规模化地展开线下销售。此时，新零售的概念炒得沸沸扬扬。从O to O到OMO，媒体笔下的新零售俨然成了洪水猛兽，仿佛必将彻底颠覆传统零售。近些年受电商和疫情的双重影响，实体零售店确实面临巨大压力，很多传统零售店撑不下去而关店，但另一方面你会看到有些实体店在节假日时人头攒动，线下零售呈现冰火两重天的局面。比如各地新开的万达广场，被称为潮流打卡好去处、"吃货天堂"，很多人在打卡点拍照，很多带着孩子的人可以在里面泡一天，天黑了孩子还不舍得离开。

抛开喧嚣的炒作来看新零售，其本质上其实是一种融合，线上传播、电商与线下门店、服务的融合；消费者与供应商的融合。因为有了线上线下的融合，消费者有了更好的购物体验；因为有了新的数据技术和平台，消费者能更短链条地影响供应商，而供应商能更懂消费者，从而提供更好的服务。新零售成长的过程不是干掉传统零售的过程，而是通过融合，更好地服务于客户的过程。

荣耀在新零售的行动上是积极的，认识上是理性的。一方面稳扎稳打地开店，积极地尝试新的数据和技术手段；另一方面，从组织结构上也将电商部门和零售部门进行了合并，很大程度上促进了线上线下能力的融合，有策略有节奏地使用了线上和线下的销售通路。

从新的零售方法和数据技术的应用来看，荣耀进行了广泛的尝试：线上物料中包含给线下门店导航的二维码；开店选址用热力地图看人流，用专业的APP看人群特性；给线下门店搞微信小程序，门店周围人群精准投放LBS。在实践检验中，有些新技术得到了充分应用，有些则被证实没有太大价值。

和零售的两位资深主管Vincent和Brian探讨新零售话题的时候，大家的共识是：技术给零售的作业方式带来了新的面貌，但技术的采用始终要以服务最终用户为导向；新零售在自营电商和直营店落地非常容易，而在非直营店落地时如何不影响合作伙伴的利益是重难点；但只要不断试错和总结，就能发现提升生产力的新方法。

海外电商积极探索

在中国市场，荣耀凭借着电商渠道迅速地切入，并呈现了爆发式的增长。对于海外市场而言，电商这场战役到底该怎么打，是摆在荣耀海外业务部面前的一个关键问题。经过反复的论证，荣耀海外业务部提出了"1+N+X"的销售渠道策略。其中"1"是难度相对大但能帮助整体操盘的自营电商，"N"是与全球主流的电商平台合作，"X"是与广泛的互联网伙伴尤其是媒体类的伙伴合作形成流量。以下将重点阐述自营电商以及与电商平台合作两方面的内容。

自营电商（也称独立站）

受限于各国的人力情况，2014年，荣耀在海外自营电商的策略是：荣耀已建和在建的本地电商继续进行，没有能力建独立站的区域由跨境电商来覆盖。

为了能够更好地促进自营电商的业务，内部就以下一些关键问题进行了反复的讨论并逐步达成共识。

Q1：自营电商的域名是什么？

要做独立站，遇到的第一个没法绕过去的问题是网址的问题。在没有统一管理之前，各国注册的域名差异很大，对公司品牌形象形成负面影响，同时也增加了无谓的宣传成本。

按照国际惯例，域名无论在哪个国家都是先到先得。因为一个意想不到的原因，商标注册这件事情变成了荣耀海外业务部开展的第一件工作。由于本想作为优选的www.honor.com已经被另外的世界500强企业抢注，荣耀只得退而求其次，注册了域名：honordevice.com、honormobilies.com 和 hihonor.com。最终，从建立荣耀全球品牌的需要出发，选择了 www.hihonor.com 作为跨境电商的域名。从以上波折的过程可以看出，域名提前管理是多么重要。

Q2：是线下渠道的辅助，还是重点发展的创新性新渠道？

这个问题对已经有一定线下渠道的品牌而言，主要涉及的问题是对线下渠道的冲击。但作为重要的新销售渠道，必须保持独立电商类的操盘模式，并逐步承接销售任务；建立 B to C 的消费者沟通渠道，提升品牌知名度，促进公司 B to C 的业务转型；提高公司自营海外电商销售和营销的能力，逐步制订海外电商渠道的管理方法。

Q3：电商网站和海外官网是什么关系？

跨境电商网站和自建电商网站定位成官方销售渠道。自建电商网站由区域自行管理，跨境电商网站不覆盖，但域名要遵守统一的规范。电商网站是产品官方零售价的标示地以及新产品的预约和宣传地，而荣耀海外官网则是公司的宣传平台，且荣耀海外官网需要将有海外购买需求的消费者引流到跨境电商网站上。

Q4：跨境电商如何建？

这个问题在内部进行了反复的论证，虽然从技术上和成本优势上，总部直接建全球型电商平台是优选，但因为涉及隐私保护、现有渠道冲击、税务、法务、财务等诸多因素，最终选择先在荷兰建欧洲的跨境电商平台。

应该说荣耀海外当初启动跨境电商模式的探索是非常有意义且超前的。但自建跨境电商独立站，需要投入的人力、物力跟初期的产出太不成正比，同时会造成对线下渠道和第三方电商的冲击，因此内部支持者不多。最终荣耀的跨境电商业务只在欧洲范围进行了尝试并形成了一定规模。而在同时期，专注于跨境电商独立站的快时尚品牌 SHEIN，则用其迅猛的发展证明全球跨境电商独立站的模式是可行的。

电商平台合作

国际电商平台合作

荣耀海外业务部迅速行动,很快与国际电商巨头亚马逊建立合作关系,并且开放性地尝试各种模式。

2016年3月17日,在美国得克萨斯州州府奥斯汀,荣耀携手互联网巨头亚马逊亮相西南偏南音乐节(SXSW),这场音乐节上有最火的歌星Lady Gaga,时任总统夫人也到场了。音乐节期间,荣耀为5位美国本土流行音乐人举办了一场名为"黎明之声"(Acoustic Daybreak)的演唱会。这是继携荣耀畅玩5X参加美国CES展会、荣耀8在旧金山加州科学博物馆发布之后,荣耀在全球品牌高地美国市场的又一次闪亮登场。用"黎明之声"来形容新切入美国市场的荣耀品牌,最为恰当不过。

在亚马逊平台购买荣耀畅玩5X的消费者即可获得价值19.99美元的荣耀引擎耳机和价值5美元的亚马逊Prime Music代金券。这次与全球最大电商平台的合作让美国市场认识了荣耀这个新品牌,同时也让广大消费者对荣耀深化美国市场的行动力大感叹服。

复盘与亚马逊的合作,荣耀的切入形势总体来看还是很棒的。在有限的营销预算里,与电商亚马逊总部的市场部取得了深入的合作,用具有流量和话题的西南偏南音乐节平台,覆盖了最想要的年轻人群。但最大的缺憾是当时的荣耀产品在音乐领域的突出性不强。当时的产品在音乐功能上没有优势,缺乏了这一点就缺乏了引爆的引线。这也激励了荣耀后续在音乐芯片、Histen等音乐功能上的追赶。

中国跨境电商平台合作

近几年中国产品能力溢出,一批中国跨境电商平台日益成熟:面向B to B的阿里巴巴国际站;阿里旗下B to C的国际版淘宝"全球速卖通";被阿里收购后,覆盖原速卖通东南亚市场的Lazada;深圳虾皮信息公司旗下的专注移动终端的国货出海电商平台Shopee等。

这些平台能提供品牌自建电商独立站时需要的各种基础运营条件，能较快地帮品牌实现国际化的覆盖，但前提是品牌需要了解合作平台的运营流程和规则，并支付交易佣金和交易手续费。

荣耀在不同时期陆续跟速卖通、Lazada等平台均有合作。

本地电商平台合作

海外很多国家的本土电商平台势头也非常强，印度的Flipkart、日本的乐天、俄罗斯的Yandex、美国的Newegg、新西兰的Trademe、巴西的Mercadolivre等平台在各个国家的本土市场非常活跃。

以封闭市场日本的拓展为例，荣耀在进入日本市场时，就选择了与乐天进行合作。第一款联合推广的产品是荣耀8。对荣耀品牌的介绍和宣传以荣耀为主开展，在产品上线、陈列、主推等方面以乐天为主，在产品宣传上则做两方联合的推广方案。

让我记忆最深刻的一个场景是，在日本发布新品后有记者提问："荣耀定位成年轻人的品牌，而日本是全球老龄化国家的代表，日本会作为荣耀的重点市场吗？"当时的荣耀总裁赵明的回答是："我们的年轻是指心态上的年轻。"由此开启了荣耀在日本的拓展之旅。

中国企业的出海从最初借力各国实体渠道出海，典型代表为华为、海尔、大疆等一批硬件公司；到通过应用市场下载的APP出海，中国成为头部应用开发者的重要来源区域，代表性应用为社交类TikTok、工具类KeepClean、图书类Dreame、新闻类News Break等；到通过互联网传播和B to C电商直达境外客户的消费类品牌出海，比如荣耀、快时尚SHEIN，高效利用B to C电商模式，直达境外客户。

互动问题

1.在您现在的购物行为中,线上和线下购物的比例是多少?十年前,这个比例是多少?

2.您会通过跨境电商购买喜欢的海外产品吗?

3.您认为如果元宇宙电商来临,对企业端的运营和用户端的体验将产生什么样的影响?

本节金句

移动端的电子商务让人们可以坐在马桶上下单、躺在床上下单,可以在上班时间逛商城,可以在半夜去抢购紧俏商品,全球的各种产品都唾手可得。简而言之,购物行为摆脱了传统模式中时间和空间的限制。

2.2.2 互联网营销玩法

传统营销的特点是单向输出式的,电视、路牌、报纸等都是将相同的内容推送给多个人,接收者被动响应,一般不留下反馈;而在互联网时代,网上的每个人都能方便地做出反馈,去影响别人。大家看文章,经常为文尾的"神评论"所吸引。聪明的消费者,在网上买东西时,都会去看看用户评价,尤其是用户差评。

互联网营销有其规律和方法,且需要在实践中不断总结。接下来,我将从方法论和多维度的实践来展开论述。

方法论:不是为了做而做,必须想清楚最终的商业目标。

因为有了互联网和数字技术,数字营销将产品宣传和用户沟通之间的路径变得很短,且各个环节也变得较容易量化。量化指标让各个环节的工作效率得以衡量,粉丝量、点赞量、转发量、评论量等等都变得清晰可见。

同时,一个被认可的品牌,会在微信群被讨论、会被主动分享到朋友圈和抖音等平台。消费者旅程包括需求、搜索、比较、购买、体验、反馈、持续购买,如影随形地伴随着品牌知名度、品牌关注度、品牌偏好度、品牌忠诚度。

营销和品牌工作在互联网和数字技术下,更紧密地结合在了一起。"品"和"效"更直接地被绑定在了一起。意识到这一点的企业,在任何一场消费者沟通活动中,都能充分地考虑品牌和营销两方面的效果,打品效合一的高效战役。

在荣耀的无数场产品战役中,可以明显看到,产品的营销活动尤其是旗舰产品的营销活动,与品牌力的上升有着非常直接的联系。营销指标上升趋势好,品牌指标则水涨船高。

正是意识到这一点,荣耀的营销管理层从组织激励的角度,给旗舰产品营销操盘团队下达了声量、销量、品牌的综合指标。此事初期在内部争议很大,毕竟销量和品牌并不完全是产品营销团队所能掌控的。但勇于接受挑战的小伙伴们,最终接下了挑战目标。当拿到大大的悬赏奖金包的时候,营销操盘团队的成就感溢于言表,并主动与周边产品和品牌部门的小伙伴分享奖金包。

5C on digital 的实操之旅

Connection(连接)

都说互联网让供应方和需求方无障碍地连接起来,但如何将互联网上的海量信息变成客户需要的信息,让用户方便地在线上找到你呢?这里面品牌方是有很多工作可以做的,其中搜索引擎优化(SEO)是一项技术含量较高且需要专业人员长期去做的事。同时,很多品牌方也会投资付费的搜索引擎营销(SEM)。在荣耀,这两项工作有专门的人员在坚持不懈地做。

Community(粉丝群体)

感谢腾讯张小龙团队给中国人民带来了微信这么好的社交工具,全国人民及海外的华人几乎都在用,到2022年年底,月活数据已经达到13.1亿。荣耀依托微信平台打造了良好的社群，获得了众多粉丝。

在个人层面上，荣耀零售体系的小伙伴们在工作中充分利用了微信的社交属性，帮助打造社群。

这里举一个例子。有一次荣耀培训学院给全国优秀的零售人员进行零售系列课程的培训，其中有一个来自山东的咨询师真真。她曾在另外一家已从市场退出的手机品牌任职，现在已经是两个孩子的妈妈。这个二孩妈妈是一个实力派的人物，她每个月的个人销量相当于一个正常水平的手机零售店，我们笑称她是把一个人活成了一个店。课余吃饭时，真真把她的微信好友给我看了一下，里面有几千个老客户，在她的朋友圈里有用新手机拍的自己闺女的大片、有演示如何用手表的视频、有当地的营销视频、有疫情期间邮寄服务的宣传、有给孩子准备的用来居家上网课的平板、有植树节的买荣耀送种子盆栽的广告……她介绍自己的经验时说，凡是在她手上买过手机的用户，她都会加上微信，后续认认真真做好服务，好多老顾客想买手机、平板，都会先咨询她，并帮她转介绍了好多新客户。

从公司层面看，荣耀和微信团队的合作也全面展开，包括企业微信小程序的上线与运营、联合营销、定期的信息交流等。

谁在网上买东西，不先看看评论呢？荣耀十分重视口碑，通过对口碑的维护，赢得并维护了庞大的粉丝群体。在荣耀团队内部分工上，口碑的工作一方面由电商运营团队进行跟踪管理，另一方面由营销团队通过VOC等工具进行实时监控。此外，服务团队也在实实在在地给客户解决问题，有效地提升了荣耀品牌的口碑。

Communication（沟通）

主管们纷纷开起了自媒体账号，与用户进行直接的沟通。

对于老用户而言，除了大众渠道外，荣耀用专门的"花粉俱乐部"APP，就产品使用、特色功能介绍、用户活动等进行统一的管理。当然，除了营销团队，还有专属的线上售后团队直接帮用户解决问题。

沟通的载体还需要选择目标人群喜闻乐见的，比如在发展中国家，荣耀会帮助年轻人去实现梦想，通过设立创业基金，鼓励年轻人创业，从而进行沟通；在发达国家，会选择音乐、体育等更贴近当地人们生活的载体去沟通。

Content（内容）

淡化推销，让客户喜欢上你，需要品牌方不断地在市场上输出与品牌和产品相关的内容。让品牌在市场上是鲜活而贴近用户的。

产品是会退市的，但是文化和品牌精神是如影随形，生生不息的。将文化和品牌融入产品宣传中，实际上是一个不断积累、叠加和强化的过程。

荣耀在内容领域不断进行尝试，希望能够将产品、品牌、人文与目标客户有机地结合。以荣耀7在全球推广时的一则宣传短片为例。为了传递产品的卖点，荣耀通过讲故事的手法，讲述年轻的音乐潮人、时尚博主、科技公司CEO，使用荣耀7手机去完成工作、创作、日常生活、社交媒体互动等，尤其突出荣耀手机在工作、艺术创作中可以创造无尽的可能性。

在短片中，音乐潮人听到一首好听的曲子，却不知是什么名字。为了快速获得这首曲子的相关信息及抓住自己的创作灵感，他触摸了荣耀7手机侧身的自定义键，然后手机快速进入到能识别并记录音乐的APP，使音乐潮人获得了曲子的信息，进入创作状态，并创作出完美的作品。当画面切换到时尚博主时，漫步于街头的她，突然抬头看见美丽的日落及云彩，她快速触摸了摄影快捷键，拍下了美丽日落和云彩的瞬间，使她获得了创作灵感。短片中不同人根据各自的使用习惯，在荣耀7的陪伴下将最初的想法发展、诠释、升华到能够打动成千上万观众的具有启发性的作品，荣耀7 Touch the Difference的独特功能与潮人的探索、创造等行为紧密结合起来，卖点被展现得淋漓尽致。

除了缜密策划的优质内容，还有一类是"情理之中、意料之外"的，引发社会层面广泛关注的内容。华为被美国打压，为了自救出售荣耀，任总的"相处时难别亦难，秋风送寒杏叶黄"的送别词，让众人热泪盈眶。厂家、供应链和渠道商的这次集体自救，引起了广泛而深度的关注与讨论，几个月后荣耀崛起，离不开消费者从心底的支持。

Commercial（贸易）

营销对线上线下零售的引流

荣耀营销部在成立初期就和销售紧密地结合在一起，非常重视"营"对"销"的促进作用。比如荣耀营销自创的IP电竞堂、美摄影会、"制噪者"等都在线下粉丝活动和店面的引流中得以落地。荣耀独有的内容和活动成为线上线下的流量来源。

店面被打造成品牌文化传播的空间，也成为年轻人喜欢聚集的潮玩店，而以这些潮玩店作为据点，向周边进行辐射，可通过路演或者快闪的形式形成更广的引流。

直播带货：营到销的最短路径

2018年各大平台都开始全面进行商业变现的尝试。除了与头部主播合作直播带货、总裁直播带货等形式外，荣耀也开始培养产品经理做直播。比如亲选团队培养的元气"UP主"琪莹，成为从亲选产品发布到亲选产品直播带货的主角；从全国各地选培的第一批产品咨询师中，有好几个省有颜值高、产品熟、镜头表现力强的直播人员。有的经常与各地运营商和渠道商客户合作，直播带货的效果非常可观；在疫情期间，各省的主管也加入了直播带货的潮流中，将直播这个新的工具用到极致。

现在直播已经成为营销的基本动作。直播带货通过主播人气和价格优势，确实能形成非常可观的销量拉升。但如果只着眼在短期卖货上，往往会伤害品牌。保持对直播带货的理性认识才能更好地应用这个数字化的工具，如何用直播的方式将品牌更恰当地呈现给消费者是所有品牌都应该考虑的事情。荣耀尝试的产品和品牌发布直播，以及日常直播间品牌传播的内容设计，都很好地将荣耀的品牌精神渗透了进去。常用直播，会用直播，让销量和品牌共同增长才是该工具的正确打开方式。

互动问题

1.您在网上看到品牌投放什么样的内容，会点赞、转发和评论？

2.您觉得随着人工智能普及的时代来临,营销会有哪些方面的变化?

本节金句

在互联网时代,网上的每个人都能方便地做出反馈,去影响别人。大家看文章,经常为文尾的"神评论"所吸引。聪明的消费者,在网上买东西时,都会去看看用户评价,尤其是用户差评。

2.2.3 有朋友,有未来

在荣耀内部,"有朋友,有未来"的理念是渗透到全体员工思想和实践中的。荣耀致力于寻找与用户需求和品牌定位相匹配的合作伙伴,更好地服务于数字时代"原住民"。

根据荣耀的品牌特质,跨领域开展合作:荣耀与漫威工作室合作,在全球范围内拍摄《奇异博士》电影,我们的许多用户也是漫威超级英雄的粉丝。与运动品牌adidas合作,将渐变色演绎得充满时尚感……

在国内，荣耀作为唯一的赞助商，于2016年9月18日与腾讯互娱合作，共同开启了第一届的《王者荣耀》职业联赛的序幕。作为互联网品牌，荣耀着走近年轻人、懂得年轻人、陪伴年轻人一起成长。音乐、运动、电竞等都是年轻人的生活组成部分，非常自然地进入了荣耀考虑覆盖的范围。而当时腾讯互娱的总监张易加，在回答记者问及腾讯选择与荣耀合作的原因时说："首先从用户角度看，观看比赛的人群和玩游戏的人群，跟荣耀手机的受众非常匹配；同时腾讯希望能够不仅是在商业上进行更多模式的开发，同时也可以给用户带来更好的体验。有一个特别新的技术或者是性能要求很高的游戏出来的话，会带动一批用户的机器升级。而荣耀在技术方面的积累，是完全有能力提供给《王者荣耀》玩家一个好性能的手机的。"

活动结束后，荣耀和腾讯的代表也就硬件传输的规则制定，以及将竞技选手作为手机测试的一个环节等方面进行了探讨。而本身在荣耀内部就长期设立的荣耀电竞堂，也成了《王者荣耀》很多分赛区的承办单位。

除了游戏，玩音乐的荣耀"制噪者"常常跟高校的音乐社团合作，成了校园里一道浪漫的风景线；荣耀也携手法国的FISE，持续在全球开展"年轻就该无极限"运动，吸引了很多年轻"粉丝"的加入。与伙伴们一起，荣耀集合了很多潮流娱乐活动，通过线下和线上互动，在客户心目中强化了荣耀品牌的潮流特质，拥有了更多的支持和喜爱。

互动问题

1.荣耀和哪些合作伙伴的跨界合作让您印象深刻？

2.如果您是一个营销工作者，请谈谈您曾经操作过的跨界合作案例，可以是成功的，也可以是失败的。

本节金句

荣耀致力于寻找与用户需求和品牌定位相匹配的合作伙伴，更好地服务于数字时代"原住民"。

2.2.4 起步即全球

搭载旗舰产品上市，海外"营""销"大水漫灌

因为组成海外业务团队的成员，很多本身就有全球工作的背景，所以荣耀初期的海外业务就是全球布局的，在海外发布产品的方式也是始于全球的高举高打。

2015年，荣耀6作为荣耀第一次登陆欧洲的产品，在德国柏林发布，欧洲各国媒体纷纷开始报道这个年轻的品牌。

2016年，荣耀选在媒体高地英国伦敦发布旗舰产品荣耀7，赶在IFA之前，同步在欧洲的商城做销售，引发全球媒体的争相报道。

出于篇幅和信息安全的考虑，本节以荣耀7产品为例，来谈荣耀在海外起步即全球的拓展方式。

荣耀7的发布地点，选择了伦敦年轻人最喜欢去的潮玩一条街——布鲁克林街。当你走在街上，随处可见的各式涂鸦立马让你感受到年轻人的想象力和创造力，这种气息和荣耀的品牌精神不谋而合。发布会的海报，直接因地制宜地选择了涂鸦式的风格。这种特立独行的表现方式，传到全球各地的时候，有非常高的辨识度，也被很多国家的小伙伴按照涂鸦的方式去做了延展。

发布会现场主讲，当时也选择筹备成国际化阵容。除了主讲荣耀品牌的荣耀总裁赵明来自中国，其他三个人是分别来自不同国家、不同领域的年轻人。主持人是国际汽联方程式冠军赛主持人Niki，他极强的感染力和控场能力，让发布会掌声和欢呼声不断；赵明以风趣幽默的演讲风格，详尽讲述了荣耀全球的历程跟荣耀品牌的内涵；产品部分的讲解，由欧洲地区部本地产品经理，结合本地市场的使用场景来详细阐述；最后上场的，是荣耀英国的品牌大使南尼贝尔，她讲述了自己放弃了澳洲成熟的歌唱事业，独自来到伦敦，开拓新的事业的荣耀故事，并继续演唱其为荣耀创作的主题曲 For the brave，将发布会推到了高潮。

在发布会后，记者和粉丝到体验区去体验荣耀7手机。为了充分展示荣耀7的产品特点，我们设置了7个感觉体验区去演绎，分别从听觉、嗅觉、味觉、视觉、触觉、第六感、心觉这7个维度，让大家对这个产品有一个非常全面的认识。大家对全金属机身的荣耀7，表现出了浓厚的兴趣。有两位有心的粉丝，还给赵总送上了亲手制作的有荣耀Slogan的摆件和陶瓷制的荣耀7的包装盒。群访和专访现场气氛也非常活跃。

同时，BD与全球特别是欧洲市场的伙伴开展声量和导流合作，合作对象包括Facebook、Game loft、猎豹移动、安卓等等。以Facebook导流为基础，与众多合作伙伴展开多元合作，包括样机赠送、免费广告位投放、合作新闻发布等。

经过发布和首销这两个动作，海外营销的PR、EVENT、营销的配合、自营商城引流转化与留存、全球产品宣传联动、海外官方账号建立与管理布局等，一系列的工作就随之开展起来。

一个竞争力十足的差异化产品，配合全面到位的上市管理，在大幅提升海外的荣耀品牌的同时，也提升整体销量，并且完善了海外荣耀产品的布局，积累了大量的全球性的传播资源。荣耀7的销售取得了令人满意的成果。自发布会当天起，平均每12秒售出一件荣耀产品，3天售罄了首批荣耀7，首批商城用户好评度达到99%。荣耀7在全球各地的市场陆续发布，还攻占了西欧、北欧等品牌高地，获奖无数，为荣耀在终端市场的胜利打下了坚实的基础。芬兰更是依靠荣耀7，成功地将华为和荣耀的市场份额做到了17%，成为市场成功的典型案例。

当年,在法国"黑色星期五"购物节期间,荣耀7成为七大电子商务网站最畅销的手机。截至2016年11月底,荣耀7在海外全面上市不足三个月,所创造的销售收入已经占全年海外收入的10%以上。

全球的协同效应初显

2016年,荣耀7在英国伦敦发布时,除了来自全欧洲的179个媒体和70多个粉丝,还有超过40个国家的合作伙伴到场进行采访和报道,他们成为第一批体验荣耀7的用户。

为了能做出全球的品牌,在媒体合作上充分借力伦敦这个媒体高地的势能,荣耀邀请到了科技类、商业类、生活类等的媒体,跟BBC、CNN、Forbes等这类有全球影响力的媒体进行深度合作。跟BBC一起合作的一条体现荣耀倡导的lifestyle的视频,在BBC、谷歌、YouTube播放后,一周之内的浏览量就达到了732万次。CNN的高级制片人Steven Jiang反馈CNN及其观众希望更好地理解像荣耀这样的中国科技公司。他做了中国智能手机在全球市场的崛起及荣耀品牌的报道,荣耀7的发布被融入此报道中。

在媒体群访和专访现场,记者们提问非常踊跃,除了产品,还涉及他们感兴趣的方方面面，比如为什么中国手机品牌在全球市场如此成功？是什么帮助荣耀实现2015年的快速增长？荣耀与其他中国厂商的区别？参加活动的都是些什么人，与荣耀有什么关系？为什么有这么多"花粉"在？你们如何经营粉丝？他们是怎么被邀请参加今天的活动的？很多人认为中国科技公司缺乏创新，是"山寨"，您如何评价？荣耀线上商城的作用是什么？

因为有了媒体、意见领袖、粉丝们的热情参与，荣耀7的全球新闻稿覆盖了英国、德国、法国、美国、印度、加拿大、新加坡、泰国、马来西亚、智利等48个国家。媒体报道整体积极正面，对荣耀的认可度高，荣耀7产品获得了一致的好评。从传播声量上来看，荣耀7于8月27日在海外发布后，关注度达到了高峰，谷歌上荣耀7的搜索量达到5亿次，品牌的传播带来全球的联动效果。

数字营销的小伙伴提前做足了工作，将公共媒体渠道上的声量和关注及时地沉淀和积累到自有的账号上。记得但静在发布后的第10天，高兴跟我说，荣耀Facebook Global Pages的粉丝数迅速破百万。

海外营销的组织建设

以上所有工作的开展，都需要有合适的组织来实现。本节以荣耀海外营销部的组织为例，来谈一谈在不同时期组织建设的工作。我在负责荣耀海外营销部期间，主要经历了两个阶段。第一阶段为在海外业务拓展的生长初期，自建组织进行探索，实现破局；第二阶段则是国内和海外营销融合，加强人力复用，向更广泛的海外人群渗透。

第一阶段一穷二白，需要摸索的东西很多。国家多，产品多，很多区域连一个营销的人员都没有。刚开始，我们完全处于疲于奔命的状态，24小时挂在espace、微信、facebook等社交工具上。营销组织建设一边以产品上市管理和销售客户合作为主线开展工作，一边用项目驱动各个区域营销组织的建设。

对于没有营销人员的区域，找一线管理团队沟通，设一个专职营销人员，或者至少指定一个营销对接人,迅速地把全球的营销虚拟组织建立起来。机关则通过营销方案、营销预算、方法论等干货,让虚拟营销组织得以启动和运作。紧接着,随着业务机会的涌现,对迅速发展的海外重点国家,采取总部直接输送营销能力较全面的"种子选手";对于已经配置了营销人员,但缺乏互联网作战经验的国家,采取训战结合的方式,在实战和演练中迅速地培养人才。让营销、销售和BD(商务拓展)组成的铁三角,用最有限的资源取得最好的效果。总部则采取招聘或内部调剂等方式补充新人,并有意识地加强新人营销多模块能力的培养,并做好海外输送的准备。虽然工作负荷非常大,但能迅速提升能力和有机会到海外独当一面,这激发了小伙伴们的战斗力,让他们在压力和机会中迅速成长。

有了最基本的组织后,海外营销将核心能力培育作为主要工作来抓。结合荣耀的业务特点,聚焦在内容生产、新媒体、粉丝经营上。

营销内容生产:建立了全球内容空间,由总部牵头,各国参与共建共享,包括品牌规范类、产品类、发布会相关案例学习、大型活动等等。

新媒体:包括主流的数字媒体、社交媒体和官网等。通过blogger、自媒体、websites(门户网站和垂直网站)、KOL意见领袖创造声量。

粉丝经营:总结粉丝运营方法,向海外国家分享。在西欧试点建立粉丝群、涨粉、增加粉丝黏性,然后再复制到其他区域和国家。

这些工作低成本地提高了品牌影响力,并且拥有了自己的阵地和用户。

以上两个策略,让海外营销组织在作业的覆盖面和专业性上具备了基础条件。

第二阶段,当完成了初期的市场切入,向更广泛的人群拓展时,品牌方需要考虑全面的营销职能,比如品牌策略、媒介策略与执行、搜索优化SEO、数字渠道渗透等。此时需要解决专业人才的缺乏问题。荣耀当时采取的方法是荣耀海外营销部从海外业务部的实体组织中剥离出来,与国内营销部合并,新的荣耀营销部负责全球的营销和品牌工作,以便更好地人力复用,以及保证国内和海外的协同。

荣耀营销部对全球MKT领域负责,成为荣耀品牌建设的第一责任主体,也是主流程IPMS营销部分的第一责任主体。

正是因为国内营销部和海外营销部合并所带来的人力复用,国内的经验迅速地向海外复制,电商造节、自建流量池、网红带货等模式在海外市场取得成效。海外的营销人员像海绵一样,借鉴国内优秀的做法,发挥这些方法的作用。

但在操作过程中,因为语言能力和视野的限制,组织的国际化进度偏慢,比如产品营销的人员基本还是考虑国内的操盘,基础文档的输出基本都是使用中文。整个营销组织的工作,还是国内和海外相对独立地开展,呈现出"合"而不"融"的状态。也正是看到了这一点,组织在国内人员的外派、海外人员的回流、全球营销人员训战赋能等方面发力,推动组织的进一步融合。

组织的设置从来都是需要随着业务的发展而不断调整。当国内和海外的销量相当,且各重点国家的营销组织相对完整时,则可以考虑各个国家自行负责自有业务,总部设置全球的组织实现品牌的一致性和国家之间的相互协同。对于所有希望在海外发展的中国品牌而言,组织怎么设置,需要进行周全的考虑,方能有更高的效率。最重要的原则是要抓住重点,用精悍的团队实现高效的运作,而如何能拥有专业能力和语言能力合格的人才是首先要解决的问题。

红蓝军之争给组织带来的活力

荣耀在电商兴起的时候迅速地发展着,其间一直充满着各种争议,比如品牌重建的资源紧缺问题、是走纯线上还是线下也走的问题。尤其是荣耀在全球线下市场与华为低端产品短兵相接,蚕食了华为的销量时,内部矛盾曾经一度非常激烈。

这类情况在苹果、腾讯等公司都出现过。iPad蚕食Mac的销量时,库克的观点是"对于蚕食，我们宁愿自家的产品相互蚕食，但希望顾客满意，希望他们购买苹果的产品"；微信蚕食了QQ的份额，马化腾的观点是"QQ做出了牺牲，但这是战略必须。微信成为智能手机的标配软件，QQ成为90后、00后聊天的工具"；OPPO和vivo打得头破血流的时候，段永平拉着两边的核心成员喝酒，说"和所有人共赢，做最本分的事情"，让两个品牌比翼双飞。

华为和荣耀的矛盾，能有效地化解，并相互促进，源于三方面的因素：华为大家长任总在关键时刻的方向指引、消费者管理委员会成员的胸襟和智慧、华为红蓝军机制的作用。也正因为矛盾得到了较好化解，荣耀才有了宽松的生长环境。从2013年荣耀成立，到2020年荣耀出售，华为终端用了7年时间，在体系内从无到有，孵化出了一个全新的荣耀品牌。以上三个因素前两个源于人，最后一个因素则是源于机制。

华为内部的红军蓝军机制已经深入大家的心智，所以大家比较容易接受来自内部的不同声音和不同组织之间的冲突。也正是因为有蓝军的挑战，红军得以获得更强的免疫力和强健的体魄。比如最初的电商能力、互联网营销能力由荣耀进行孵化，作为"蓝军"的荣耀迅速形成了自己的打法，而作为"红军"的华为也借由内部的交流、人员流动、组织变革等，消化吸收了这部分的能力，华为终端的电商和互联网能力奋起直追，很快这部分的能力就完全补足。同样荣耀在仅占25％的线上做到top1后，如果进一步提升市场份额，需要向线下渗透。这个时候，华为侧丰富的线下渠道和零售的经验，以及输出的有经验的人员对荣耀来说非常宝贵，让荣耀在线下的破局与快速发展有了依托。

互动问题

1.您会因为一个中国品牌在海外良好的表现，而愿意购买其产品吗？

2.您如果正在做中国品牌的国际化拓展，请谈谈您面临了哪些挑战？

> **本节金句**
>
> 因为组成海外业务团队的成员,很多本身就有全球工作的背景,所以荣耀初期的海外业务就是全球布局的,在海外发布产品的方式也是始于全球的高举高打。

2.3 数字化给品牌带来新内涵

2.3.1 对数字化的理解

现在很多企业都在谈数字化,很多企业错误地将自身所做的信息化等同于数字化。数字化的理解和定义很多,华为ICT领域技术大咖云集,他们将信息化和数字化做了清晰的区分,其中信息化的主要特点有3条:①先作业,再记录,数据搬家;②烟囱式的IT(互联网技术)应用,数据孤岛;③先业务规范化,然后IT固化流程。而对应的数字化的主要特点是:①作业即记录,记录即数据,数据完整实时反映业务;②服务化应用,云化平台,统一数据底座;③IT开发敏捷迭代,技术驱动创新。

数字化转型是大势所趋,金融行业是最早开始做数字化实践的行业之一,人脸识别的手机客户端转账、小额贷款的秒批等,让其效率倍增;煤矿行业通过数字化,实现工人在办公室远程采煤作业;农田无人机农药喷洒都是非常好的数字化改变和提升生产力的有力方式。而各行各业的数字化实践里,总是能看到华为的身影。华为面向金融、能源、港口、交通、煤矿、电力、教育、医疗等领域,推出系统化的解决方案,其中数字化办公、全无线生产等小而美的解决方案也纷纷落地。

本节不是为了讨论技术而写,结合华为ICT技术专家对数字化的定义,我尝试从业务的视角去理解数字化:通过信息技术,所做的信息的创造、收集、记录、整理、存储、分析、运营、决策等过程就是数字化。从零售店选货品到网店加购物车是数字化;从发宣传海报到网络智能推荐信息流是数字化;从实地测量人流选址到通过热力地图选址是数字化;从零售店顾客信息小笔记到大数据记录用户的行为轨迹是数字化;培训上课在疫情来临后,纷纷转入线上进行是数字化;《金刚经》中说的"色不异空,空不异色",也可以理解为将实体的物质世界映射到空空如也的信息世界的数字化。

不管什么新事物,基本的逻辑永远不会变,数字化的本质是让技术帮助业务提升效率和对客户产生价值。首先正向推理,基于价值流和端到端流程,我们需要什么样的IT产品和新技术来提升流程中业务活动的效率和效益;其次,我们也可以反向思考,行业中出现的新技术、新模式是否有助于当前流程活动中的业务改进优化,并最终对用户有价值。

现代企业发展的过程可以概括为:有价值的业务点——业务的流程化——业务流的信息化——业务流的数字化——业务流的智能化。当然我们也可以倒着思考,也就是某个技术对信息化和数字化有帮助,这个信息化和数字化对流程和用户是不是有帮助的。

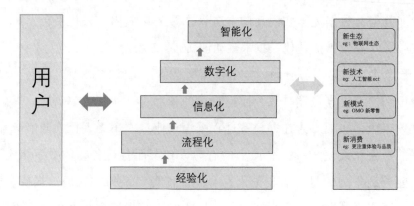

从电商渠道开始切入的荣耀,天然就带有创新的使命。不管是销售渠道、

营销方式，还是零售创新，各个业务模块对数字化都采取了开放的态度，为了提升效率进行了各种数字化的积极尝试。如何应用数字化的技术，构建客户、员工、上下游的良好体验，从而让科技品牌更具活力和创新，是所有尝试的初衷。这些努力包括打造"活"的用户数据收集和转化系统；让产品不断"生长"，满足消费者的可见显性需求或者不可见的潜在需求；优化内部无序、重复而低效的工作，更好支撑公司的运营，如地面下的根茎，持续给组织输入活力，确保品牌持续进化。

很多公司的数字化工作是花了钱却没有效果，不能持续，要想数字化能有好的效果，既懂技术也懂业务的人是非常重要的。跟很多公司相比，荣耀是幸运的。因为有集团质量与流程IT部门和终端流程与变革部门专家们的加入，荣耀在智能建设初期，就对整体数字化顶层架构设计和数据底座有全面的思考，通过统一的数据库来实现大数据资产的管理。这部分的内容在已经出版的《华为数据之道》等书中有详细讲解，感兴趣的读者可以找来参考。

数字化是近几年华为技术提得很多的业务方向，而在真正向外推出数字化解决方案之前，公司质量与流程IT的总裁陶景文就开始带领技术人员，开始针对公司内部很多真实的场景开展数字化转型的项目试水和落地。在剥离之前，背靠着华为集团的技术能力和数字化的战略，荣耀的数字化探索之路得到了强有力的支持，财务成本和时间成本都得到了极大的控制。

互动问题

当数字化成为当今趋势时，我们不妨展开讨论：

1.您所在的组织将数字化作为一个重要的工作方向吗？

2.您认为哪些品牌是数字化程度很高的品牌？

3.您认为哪些方面的数字化能够让客户提升对品牌的好感？

4.您所在的组织在数字化能力构建上，处于什么阶段？

本节金句

不管什么新事物,基本的逻辑永远不会变,数字化的本质是让技术帮助业务提升效率和对客户产生价值。

2.3.2 营销的数字化

近些年,随着数字技术的普及,营销产生了几大变化:品牌对在线体验更重视、营销资源的投入效果更可视、大平台的获客成本越来越高。这些都促使品牌主加大营销的数字化建设。

荣耀在营销数字化方面进行了大力的尝试,涉及数字管理平台DMP(data management platform)、智能媒介、VOC、多任务协同、舆情监测、防作弊等领域,这些听起来很高级且让人充满各种美好的想象,但真正建设起来却是一个痛苦的过程。建设初期工作量大,看不到明显的成效,会遭受很多的质疑,需要领导层和项目成员有坚定的信念。在逐渐把各个领域做起来之后,有很多东西可以马上看得很清晰,整个营销组织的作战能力在无形中得到提升,并自然地长在了系统和组织之上。

数据管理平台DMP

我在负责荣耀全球营销管理工作的时候,正是各大公司纷纷开始建立自己的数字管理平台的时候,其中业内公认宝洁的数字化营销做得好。为了能真正理解DMP平台的作用和建设方法,我和团队伙伴一起去广州CBD珠江新城的宝洁大中华区总部取经。宝洁的团队是专业而拥抱技术的。当时接待我们的是一个跨职能的团队,有负责媒介采购的、营销方案的,也有懂数字技术的。

经了解,宝洁中国数字创新中心于2017年9月,在广州开发区正式成立。作为宝洁数字创新的"大脑",服务于电商、营销、供应链等业务部门的数字化进程。针对消费者端建立的DMP，是先建立自己的数据池，在这个基础之上从市场到营销，到销售、传播、供应链，已经全面建立起数字化运营的整体架构。和我们交流的几个专家，是一个集媒介策略与采买于一体的团队，而从广告采买的角度看，广告购买的最优化是个十分复杂的过程，包括广告类型、投放平台、受众人群、投放区域等，其中涉及的参数有20—30个，一个月就有两千万个可能的组合。宝洁通过引入大数据科学家来做机器学习和建模，在这个基础上可以预测出这两千万个组合中的最优组合，大大优化了广告采买的效率。

在数字工具的加持下，当时宝洁在中国的销售收入有30%来自电商；有70%—80%的广告投在社交媒体；新品从零到正式上市的时间，已经从3—4年缩短至6—8个月，甚至是4个月；在社交网络上，玉兰油小白瓶、当妮留香珠、澳丝洗发水和丹碧丝卫生棉条等产品开始频繁被"种草"给新一代年轻人。

听到宝洁团队的介绍，我们羡慕不已，也让增强了建立DMP平台的决心。结合荣耀自身的数据情况、供应商的建议、行业标杆的实践，荣耀营销联合平台开发部门、荣耀质量运营，在荣耀营委会做了项目立项汇报，获得批准后，大家带着十足的精神状态，开始启动项目。荣耀在消费者数据的定义、挖掘、应用上，做了积极的探索。

在大家撸起袖子准备加速推进项目的时候，DMP平台的建设首先接受了来自公司数据隐私保护团队的挑战。因为数据的体量大且涉及了我们一方的自有数据、媒介采买中的第二方数据和第三方平台的数据，所以消费者隐私保护的方案必须接受最严格的审核。荣耀DMP的项目团队，就信息加密、数据权限管理、数据得到用户的授权、合作伙伴保密义务等各个方面，反复与集团数据隐私保护团队汇报、讨论和修改方案。最终荣耀DMP的消费者数据保护的解决方案才获得通过。项目才得以正式开始。

建DMP的方法其实业界的方法都比较成熟了，此处只做简要描述。首先营销的小伙伴完成业务架构梳理，IT侧的小伙伴完成对应的技术架构梳理；

接着是开始整个标签树的梳理和工作量比较大的标签生产；然后对可以打通的一方、二方、三方数据进行数据入库和工作量同样很大的数据治理，以确保数据的质量。到这个时候DMP算是有了雏形。

完成了DMP平台搭建后，开始进入应用阶段。在这里讲两个速赢项目和一个长期的私域流量池项目。

消费者洞察

消费者洞察是做营销的原点。只有知道跟什么人沟通，品牌才会找到对的内容、对的渠道，所以消费者洞察是DMP平台最高频的应用方式。

用户画像的数据源，可以从网站浏览数据、信息搜索、商城购买数据、商品评论、用户使用APP等渠道获取。用户端的购物车、用户的购买清单等都会留下数据。有了这些数据后，在确保不触碰消费者隐私的前提下，我们做的第一个速赢项目是，对荣耀智慧屏的购买和使用做人群分析。通过抓取最早买荣耀智慧屏的用户的数据，我们清晰地看到，购买者大部分都是用高端机的男性用户，经常收看少儿教育节目、打视频电话的频率很高，大概率可以判断家里的男主人是购买者，而家里的老人和孩子则是使用者，于是建议推出捆绑云服务的可选套餐，比如针对老人的健康节目、针对孩子的动画节目等。

用户生命周期营销

用户处于不同的生命周期，给品牌带来不同的价值，针对不同生命周期的用户，品牌需要采取差异化的行动，以提升用户生命周期的价值。荣耀和产品线负责用户经营的小伙伴展开了系列合作。

他们建立关键指标来识别出用户属于什么阶段。采取业界通用的app的使用、购买行为、访问行为三个维度，建立指标体系，将用户分为激活用户、注册用户、活跃用户、下单用户、复购用户、忠诚用户、沉默用户、流失用户。

了解了用户所处的阶段后，采取针对性的用户经营策略，以达到"两升一降"，提升转化率和ARPU值、降低成本。我们举几个例子来看，如果做到两升一降。

提升转化率：荣耀亲选app在上线初期，激活率很低。究其原因，发现用户并不知道亲选平台的特色。运营人员推出了钩子产品和新人福利等以促进转化率。

提升ARPU（Average revenue per user）值：设定了用户生日满减券和其他送礼的活动，拉近与用户情感并提升ARPU值；根据用户购买金额，设定不同级别和服务，建立价值客户的优越感。

降低成本：对于长时间不再登陆和购买的用户，主动做外呼和针对性的回馈活动，以重新召回。

搭建私域流量池

品牌方在各大平台上做生意，核心模式都是通过用户、商品的闭环来实现交易。每个平台本质上都是一个新数字化的人货场。

平台获取流量的成本越来越高，品牌主开始探索私域流量池的建设。成功建成了私域流量池的品牌，即建立了自己的人货场，不但获得长期免费的流量，还可以与消费者更便捷高效地对话和连接，并且具有了更强洞察消费者的可能。

手机厂家天然拥有一个巨大的优势，就是大量的、实时的、有价值的消费者大数据，并且天然就具有自带的消费者沟通管道。为了能够将私域流量池做得更大，我们的工作聚焦于将散落在各种APP、各种小程序、各种网站上的用户进行统计管理，并希望能够打通数据。但打通数据实在是太难了，经过多轮尝试后，我们将项目锁定在自建平台的打通。但内部的各个APP也有很多的组织，要统一起来管理，也不太现实。最终的折中方案就是洞察可以一起做，传播方案一起出，但用户的触达分平台去实现。

在做过几个节日促销和老用户复购项目后，我发现最重要的一件事情是提供客户所需要的服务或者是独特的价值，否则就没有办法让客户与你互动，所谓的私域流量池也没有形成，不管是你有客户的手机号，还是有他的邮箱，还是可以通过手机触达他。如果你在连接上不能做出其他品牌不一样的东西，那也没有意义，所以你必须实现与客户的连接，然后给予服务，并与其形成互动，这个才是真正的私域流量池。

应该说荣耀的私域流量池，初期只是个半成品，但也算是开始起步了。

智能媒介

对企业来讲媒介预算永远都是有限的，在进行媒介投资时，总是会面临几个问题：第一，产品需要体现差异化，要有声量与竞品抗衡，否则达不成销量。品牌则需要长期的、一致性的投放，否则知名度和考虑度的提升很困难；第二，全年那么多节点、那么多产品，集中砸预算会形成短期压强，但产品不可能短时间形成销售；细水长流保持持续的曝光，但又无法引爆销量；第三，媒体资源越来越分散，各类媒介资源的影响力，随着技术的发展发生着巨大的变化，到底该选择什么类型的媒介高效达成目标；第四，在渠道和内容呈现更加融合的时代，选择什么样的传播内容和形式更有效。

从用户角度来看，答案则变得简单，即在对的渠道、对的时间，以对的内容，触达对的人。随着大数据、人工智能和5G在媒介行业的应用和推广，媒体生态发生了翻天覆地的变化。最根本的解决方案还是回到效果数据上。

怎么推动DMP（智能策略引擎）/内容创造/PDB（智能流量管理系统）之间的一个联动和闭环，也涉及对现有业务的冲击，但为了能够实现能力的跃迁，开弓没有回头箭，只能克服各种问题往前走。下图可以简要概括，DMP平台在整个营销智能平台中的作用和与周边业务模块的关联关系。一旦开始建dmp，意味着要想把发挥作用，后续的几个平台都需要陆续跟上。

精准匹配充分体现了智能媒介的特点，它基于海量的数据，多渠道采集媒体数据并融合分析，对用户进行画像、结合用户实时地理位置做内容推荐，实现按需分配。厂家需要对用户有足够的洞察，再结合与腾讯、百度、今日头条、阿里等主流平台的合作，实现广泛、及时、精准的内容推荐。

除了外部合作伙伴的资源，荣耀也非常重视自有资源的应用。内宣资源投放、PPS资源投放、BD资源预算管理。因为这些资源或属于自己或属于紧密合作的战略伙伴，所以在平台精细化触达上，可以做更多的标签的精准化投放，获得真实和及时的一手数据反馈。

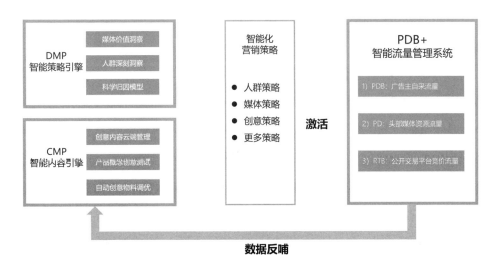

舆情监测（VOC）

为了能够帮助及时掌握消费者的声音，荣耀准备启用当时还不太成熟的VOC系统，并参与一同完善。因为初期有很多的bug，系统读出来的结论经常是不到位的，甚至是非常可笑的，根本不是实际情况，所以没法用。这时候，需要"喂"给它足够的数据，并教它哪些对了、哪些错了，这个过程也是非常耗时的。

初期把这个系统交付给业务部门使用的时候，他们的第一反应是这简直就是花拳绣腿，没什么用，浪费他们的精力。

但慢慢开始推动的时候，实际上是帮助了PR，有了一双24小时帮他们盯住舆情的眼睛。

总体而言，VOC可以帮助我们倾听用户对产品的反馈，觉察用户可能带来的负面舆情，然后迅速采取一些应对的措施。此外，它还能帮助我们了解面上比较好的产品都是怎么做的。

多任务协同系统

营销领域的内部工作是繁杂的。全链条的工作除了营销体系自己要做规划、预算和出方案外，我们还要充分地与采购、财务、稽查等职能部门合作。然而由于原来我们的计划、我们的预算方案、采购、交付、评估是割裂的、各做各的，在不同的平台上去做，而且还有很多手工的工作，营销体系整体效率是很低的。

为了能够改善这个问题，我们尝试把多个作业和作业的人员都放在同一个平台、同一个系统上，让大家在做的过程中，一次性生成数字化的过程。所有的记录都是不可逆的，谁做了什么事情，只要验收了全部都留存在这个平台上。每个人对自己的事情，对自己所做的东西，对哪个环节的交付负责任，就一清二楚，而且杜绝了中间可能的腐败的问题。

初期跟我们一起测试系统的代理商也是很痛苦的，因为他可能要去做小白鼠，把这个平台的各种坑都试出来，中间的各种尝试是很浪费时间的。但是因为考虑到可以更及时地回款，我们也给了一些政策，比如说这部分可以优先付款、优先做验收，这个系统最终成功上线。

然后大家的收益是非常高的，人员的重复工作减少，周边的部门也非常受益，像稽查部、采购部、审计部、财务部，他们都很开心，因为他们可以不用再一次一次找相关人员要资料，他们要看什么，直接给他们开通权限就行了。

防作弊

数字营销的玩法已经到了一个全面而深入的状态。作为互联网营销起家的荣耀品牌，为了充分利用好这个新的力量，在此领域做了很多探索。数字化营销在发挥着越来越重要的作用的同时，也隐藏着疯狂增长的隐患。对于品牌方而言，要保持独立的思考，不被带进坑里。

以KOL为例，作为自媒体时代的传播途径，它是必须团结的力量。KOL初期给荣耀产品和品牌传播带来了很好的助力。但当投入进一步扩大时，收效却并不明显。荣耀内部的小伙伴，在翻看阅读量增长的数据时发现层出不穷的异常现象。以下图示举例。

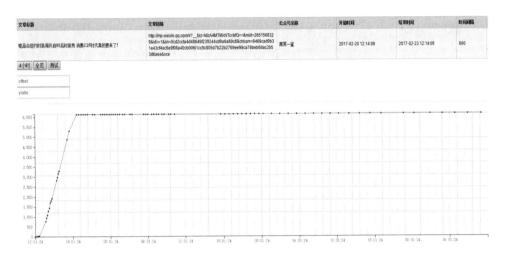

阅读速率曲线显示，数据达到6000戛然而止。

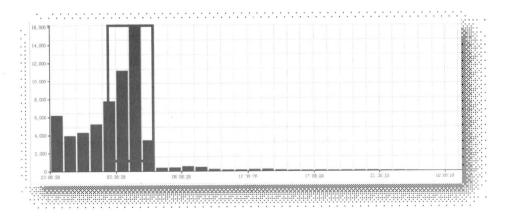

为了更全面地了解情况，荣耀跟业内AdMaster等第三方监测公司、腾讯等大的网络平台进行深度交流，分析其中的各种问题和可能的应对方法。

针对各种乱象，荣耀建立黑白灰名单资源池，不再启用屡次作弊的KOL。

互动问题

1. 您是否能方便地找到荣耀的产品和服务等信息？
2. 您是否有在想了解荣耀产品的时候，收到荣耀推送的最新产品宣传？

本节金句

只有知道跟什么人沟通，品牌才会找到对的内容、对的渠道。

2.3.3 用户经营与服务的数字化

用户经营

荣耀在建立初期，就将粉丝经营作为一项非常重要的工作开展。在某种程度上，粉丝经营是一种建立归属感的方式。因为人是社交动物，本来也希望在某些群体里面找到安全感，一旦进入到粉丝群体之后，大家能够有很多共同的话题、做一些共同的事儿，并且因为品牌的精神凝聚在一起，无形中就产生了一种品牌的归属感。这是很多品牌厂家建粉丝俱乐部的原因。

荣耀成立了专门的"花粉"团队，致力于建立全新的生活方式。通过各种年轻人喜欢的活动，让荣耀走进年轻人，并形成和粉丝的互动，其中"制噪者"、电竞堂、马拉松等在持续地开展活动。

但用户经营的目标不能仅仅停留在归属感，还应该让用户有很强的参与感。记得2014年10月份在德国柏林发布荣耀品牌的时候，我们内部讨论后就提出了用户驱动商业运转C to B（Customer to business）的互联商业模式。在场的人经激烈讨论达成一致意见后，都非常兴奋，C to B模式一旦形成，将是荣耀各个领域业务发展的发动机，那荣耀的效率和用户体验将会非常有竞争力。

C to B模式可以理解为将华为集团的"以用户为中心"的企业文化，通过互联网的商业模式来实现。华为从当年的非主流的设备商，发展成通信设备的领导者，其中一个关键原因就是贴近客户，在客户最需要的时候就在客户身边，帮助客户解决各种问题。但到了消费者业务，以"用户为中心"变得不知从何处下手，因为用户计量单位已经变成了"亿"，该如何实现C to B模式是个问题。

要想建立上亿级别用户的C to B商业模式，数字化的沟通手段是必需的。荣耀最开始是邀请目标用户在官网和官方账号等平台，提出对产品和服务的意见。但这些阵地对用户经营来说，在用户互动体验和沉淀用户等方面都存在局限性。

在内部立项通过后，荣耀开始建立花粉APP，专门做用户的运营，花粉APP和其他华为的应用一样，都上架到应用市场，并默认安装到公司发货的所有手机上。公司对用户经营的重视程度，非同一般，这是因为与消费者的直接对话和响应机制，是命中用户需求的前提。

花粉APP建好后，除了营销和品牌的同事在花粉APP上泡着，做好各种用户运营的工作外，产品线团队、研发团队、制造团队、售后团队都是花粉APP的重度用户。我们负责花粉运营的负责人，也定期被请到周边团队的例会上。

综合消费者的意见和反馈，来决定新产品的设计方案，从而提供给消费者满意的产品，这一环是最难的。简单说就是消费者需要什么手机，荣耀就提供什么样的手机。比如针对用户反馈的安卓系统卡顿的问题，荣耀对内核进行优化和改进，为了解决这个问题，一个重量级开发团队干了一年。

花粉经营作为荣耀全球各地营销团队的一个必要职能，在各个国家以适配的方式开展着，也成为荣耀全球化运营的重要组成部分。比如印度当地的花粉建议，荣耀的软件迭代需要更快。荣耀内部评估完效率和成本，直接在班加罗尔设立了全球的版本迭代团队。

在扎根于粉丝的商业思维上，通过数字化的手段来实现用户沟通和需求满足，是荣耀在用户经营上的重要心得。

用户服务

消费者常常会遇到买的时候服务万般体贴，售后的时候万般推诿。但在荣耀，用户服务的体验完全不同。用户服务不仅被看作出了问题的售后工作，也是实现用户连接的重要一环，用户服务还是促进营业收入的重要一环。为了更好从上面三个维度，做好用户服务，荣耀启用了很多数字化的手段，数字化技术让数亿终端客户的一对一服务成为可能。

首先，我们看看用户售后问题的解决。智能客服问答主要是通过自然问句的解析，从知识图谱中寻找答案匹配。手机或者笔记本电脑出现了问题，通过电话咨询搞不定，客服人员在通过客户授权后，可以直接远端登录帮助操作。如果属于硬件一类的问题，客服会给用户推送位置信息，方便用户到店维修。在维修等待的过程中，店里的小伙伴会热情地教用户产品使用技巧。记得有一次，我父亲的手机屏幕坏了，到荣耀售后店维修回来后特别开心。

第2章 孵化新品牌荣耀

母亲问及原因,父亲回答:"今天去荣耀售后店,半个小时不到就修好了手机。店里的年轻店员还教会了我一项手机操作,临走还送了我一个精致的水杯。下次换手机还要荣耀的。"

其次,在用户连接方面上,荣耀有个专门的服务APP。在这个APP上,用户可以方便地获得他需要的信息,包括最近的荣耀门店在哪儿、升级后的新功能怎么用、常见问题解答等等。让用户感觉可以随时找到荣耀,有问题随时可以得到回应和解决。荣耀的用户经营与服务的数字化,让用户觉得荣耀"在乎我"。这对于用户黏性和用户忠诚度的提升帮助特别大。

最后,我们再看看用户服务带来营收。荣耀既然是互联网手机,本身的硬件只是一个部分,持续地提供更多软件的增值服务也是业务的重要组成。为客户提供的定制化的云端存储、音乐、阅读、运动健康等等,都是增值收入的来源。

数字化让服务从售后的定位中走出来,成为荣耀整个大销售与服务体系的一部分。

互动问题

1. 您参加过荣耀粉丝活动吗?您感受如何?
2. 遇到售后问题,荣耀是如何给您解决的?您满意吗?

本节金句

荣耀的用户经营与服务的数字化，让用户觉得荣耀"在乎我"。

2.3.4　零售的数字化

在企业里干过零售的人，往往都曾被要求过，在多长时间内零售总量翻倍、多长时间内达到市场份额的10%、五年进入行业零售前五……诸如此类的目标和要求是零售人的使命，也是逃也逃不掉的宿命，使得零售人"为伊消得人憔悴"。

要想实现这个目标，往往要求零售店数量和单店销量的提升。这绝对是知易行难的一件事。品牌方想的是迅速开店，并且一开一个旺，但事实往往背道而驰，没有足够的资金、好的店址早被抢完了、没有强大的零售团队、盈利支撑不起一个店、正准备开店却遇上疫情……于是很多希望快速拓展线下零售店的品牌会选择吸纳广泛的渠道和零售伙伴，一起拓展零售网络。这条路被反复证明是行之有效的。通过共建的方式，较短的时间里，祖国大江南北，甚至是海外各地都出现了品牌方的标志。然而随着零售网点数量拓展的一步步增多，在一派繁荣的景象中，闭店潮暗流涌动。零售团队发现各种管理上的问题层出不穷，比如不知道零售网络一天真正卖了多少货；调价时多少产品应该享受价保；派驻的促销员是到岗好好工作了，还是去"放羊"了，抑或连人都没有，吃空饷；有多少货在店里，有多少货在渠道里；这个店某个型号卖得好，那个店根本卖不动，但没法调拨，眼睁睁看着客户流失。

零售数字化于是被提到了重要的位置上来。零售的数字化最早和最充分的实现是在线上零售，即电商渠道中。这个部分的数字化，从产品的展示、商城或网店的引流、顾客沟通与互动、售后服务、交易、物流等都与生俱来带着数字化的设计，都有着非常成熟的解决方案，本书不做过多描述。本节的重点放在占销量大头的零售线下渠道的数字化，以及线上线下结合的新零售的数字化。

2016年，马云在云栖大会上提出了"新零售"的概念：纯电商时代已经过去，未来十年、二十年没有电子商务这一说，只有新零售这一说，也就是说线上线下和物流必须结合在一起，才能诞生真正的新零售。很快，新零售大潮席卷各个行业，代表企业有阿里盒马鲜生、网易严选、小米之家、永辉超级物种等等。

在新技术层出不穷，新零售项目遍地开花的环境下，结合新零售企业的经验和荣耀自身的业务特点，荣耀如何思考零售业务的发展和新技术在零售的应用呢？

荣耀零售团队在一片热闹中采取了更加冷静的态度，采取了拥抱数字化但更务实的解决方案。

零售渠道提效的数字化

对于常规的渠道零售模式，荣耀在三个方面进行了数字化转型试点：

线上小程序项目

2017年初微信推出小程序，荣耀团队认识到这个新技术非常有助于消费者使用的便利性，快速启动荣耀线下体验店使用小程序进行线上开店。荣耀团队提供了统一的小程序开店模板，所有线下体验店按照我们提供的模板、素材，根据店里的库存进行上架维护。几天之内，就完成一千多家荣耀体验店的小程序线上开店。

2020年新冠疫情突然席卷全国，大家足不出户，线下门店无顾客上门购买产品，荣耀体验店的小程序迅速派上用场，并提供小程序线上下单，送货上门的服务。既为用户在疫情期间提供持续服务，也帮助商家缓解了疫情带来的影响。

体验店的荣耀⁺变革项目

荣耀早年从线上起步，2014年开始布局线下渠道，2015年开始启动荣耀品牌体验店的建设布局。在启动之初，荣耀团队就开始研讨是否采用新模式对体验店进行供货。为提升交易效率，实现多型号和全场景生态覆盖，荣耀团队建立了专项平台对荣耀体验店进行直接供货，开设荣耀体验店的经销商可在平台注册用户，然后直接线上下单。

这种新模式，有以下几点价值：物流时效加快，避免体验店货物过度积压；促销信息和政策同步，实现全国一盘棋。

B to 小 B 的项目

手机作为大品类，通过各级经销渠道，可以快速高效地覆盖全国各级市场的终端零售门店，但低频的全场景生态产品无法通过这样的方式覆盖，这类产品周转率低，且容易造成库存积压，所以经营风险大、利润低。这对荣耀的全场景生态产品推广非常不利，而且消费者也无法体验到荣耀的生态产品，所以需要采用新模式、新渠道销售这类特殊产品。

荣耀在2016年通过荣耀官网开设小B入口，全国各地的中小零售商直接可以在入口注册，审批通过以后就可以在线上下单提货。该项目作为荣耀产品的补充渠道，有助于推广荣耀的全场景生态产品。

零售日常运营的数字化

日常运营的工作林林总总，荣耀本着先易后难的原则，第一步从较固化的业务流程着手进行数字化变革，例如门店进销存数据的上报、网络规划和巡店计划、门店陈列打卡上传等，大幅度提升工作效率和信息传递效率。

第二步，对复杂业务进行数字化。例如我们的新品上市物料从总仓到省里分仓，发放到各个地市的督导手中，然后由督导发放到门店。全国要完成千万家门店的物料同时覆盖，以往只能靠打电话和统计表格反馈，效率很低。

对我们这个流程几个环节进行了数字化，先是要求分仓发货的第三方物流把分配数据录入到系统，然后要求督导将派发到门店的数据录入到系统中，这样就可以得出实时的数据。省仓的发货周期、库存量、地市的分配合理性、门店覆盖率、重点门店的覆盖率、督导的配送达标率等信息也一目了然了。

第三步，对未知业务的数字化尝试。荣耀零售团队曾和流程与IT的小伙伴一起，尝试了一个热力地图的项目。用热力地图采集人流走向，在技术侧很快就实现了，但如何将对应业务真正地实现数字化管理，却是个难题。

小伙伴们在项目中进行了很多探索和自我的考问：识别出了人流动线和用户停留区域后，我们该如何调整门店布局和调整货品陈列？调整过后的效果是否优于调整前？有效果的方案如何证明其有普遍性和可推广性？如何最终证明其投入、产出？证明了投入、产出后，如何把热力图的应用场景和方法描述清晰，别人能看得懂，以确保可执行……对于以上问题，内部经常吵得不可开交。

很多类似的数字化项目在内部争吵的过程中就被"毙掉"了。正因为有这些强调真实效果的论证，新技术才能带来真正的商业价值。反之，如果没有充分围绕业务流程和价值流，把新技术、新模式论证清楚，就盲目上马零售数字化项目，会给组织带来人力、物力、财力上的巨大浪费。

从华为拆分出来后，荣耀将电商和零售部门合并，成立了新零售部，致力于通过线上线下融合的数字化，给顾客带来更流畅的购物体验，并取得了很多进展。

一个一个指向最终效率的项目，提升了荣耀零售体系的效率，荣耀的零售数字化，让用户感受到荣耀品牌的高效。

在实现零售网络数量有效增长的同时，如何通过数字化来提升店面的销量是很多品牌方在思考的一个重要命题。如何加快构建零售体系数字化的能力，更好地选择适合自己的零售数字技术，有计划地分步开展数字化，希望荣耀的思考和探索能够对您带来启发。

互动问题

1.作为一名消费者，您认为哪个品牌的线上线下融合的零售让你体验很好？
2.这个品牌让你在购物过程中感到非常便利的地方是什么？

本节金句

一个一个指向最终效率的项目,提升了荣耀零售体系的效率,荣耀的零售数字化,让用户感受到荣耀品牌的高效。

2.3.5 制造的数字化

在脱离华为之前,荣耀的产品制造完全依托华为终端的供应链体系。2020年12月从华为剥离出来的荣耀,从无到有,开始重新建立供应链系统。经过一年多一点的时间,荣耀在2022年第一季度以1500万台的出货量成为中国市场第一名,年增长率达到了205%,令人惊叹。

荣耀供应链团队的实力可见一斑。这个绩效来源于团队顽强战斗和分秒必争的奋斗精神,来源于懂制造和供应链的人才,也来源于充分理解中国强大供应链体系的优劣后采取的高效组合方案。

位于深圳坪山区的荣耀智能制造产业园,于2021年9月正式投产。有别于专做制造的工厂,荣耀智能制造产业园的重点工作是研发落地、产品转化、规模化量产验证。荣耀的高端机Magic系列、折叠屏系列、部分数字系列在荣耀制造产业园完成技术攻关和生产。整个荣耀智能制造产业园呈现了非常强的数字化能力。

在数字化方面,生产线75%的工序由自动化设备完成,生产线实现关键设备数控化率达100%,关键设备联网率达95%。而生产设备有75%是自动化的,其中超过40%的设备由荣耀自主研发。在高精度自动化制造设备的帮助下,每28.5秒一台手机下线。正是有了数字化和自动化技术的加持,荣耀实现了对产品质量全周期跟踪和管理,生产效率和品质均得到有效保障。

走访位于深圳市坪山区的荣耀智能制造产业园,会发现荣耀生产线的机器密度很大,人工密度却出奇的小。该产业园产能占整个荣耀产能的20%,荣耀在与媒体交流时表示并不想完全自产,而是看重和合作伙伴的共赢,80%的生产工作交给产业链合作伙伴完成。除了自身制造工厂的数字化,荣耀尽可能将数字化的管理延伸至产业链的上下游,通过数据的打通和共享,加强产品质量的标准化管理。荣耀的全球大数据质量预警体系,对供应商来料、加工制造过程等进行端到端质量预警,涵盖了研发、制造、采购、产业链、渠道、用户等所有环节。

根据工信部发布的《2021年度智能制造试点示范工厂揭榜单位和优秀场景名单》,荣耀坪山工厂入选国家智能制造工厂示范工厂名单。作为深圳地区4家入选全国"智能制造示范工厂"的智能项目之一,也是智能手机行业唯一的一个样本,荣耀智能制造工厂在大湾区的制造业升级上承担起行业先锋和标杆示范的责任。

从自身来看，荣耀通过数字化建立自身的高端制造和联合产业链共同提升效率和质量，是在深刻理解环境和自身优劣势之后所选择的相对优化的解决方案；从中国供应链整个产业升级的角度来说，荣耀通过高端制造的数字化以及与合作伙伴的对接，成了中国制造产业链升级的一个有效的助力者。

有了制造这一环的数字化管控能力，让消费者在购买荣耀手机的时候，对其品质更加放心。荣耀制造的数字化，让用户感受到荣耀品牌的优质。

纵观荣耀的数字化过程，其实就是数字化在整个运营体系重新释放能力的过程。让客户能够感受到荣耀"懂我""在乎我""高效""优质"，正是数字化给荣耀带来的品牌内涵。

互动问题

1.近两年您用过荣耀的高端机吗？
2.您使用荣耀高端机的体验如何？

本节金句

让客户能够感受到荣耀"懂我""在乎我""高效""优质"，正是数字化给荣耀带来的品牌内涵。

2.4 如何走出有荣耀特色的高端之路

从华为剥离出来之前，荣耀在公司的战略布局是守北坡的角色，产品属于中低端，致力于打造全球年轻人的互联网科技品牌。但由于在产品组合中，低端机的销量占比高，品质好，但外观属于皮实一类的，所以除了年轻人，也吸引了很多中老年用户。从人群定位到产品规划，都与品牌的定位存在很大的差异。这个困惑对于很多希望能够走量，用性价比抢占市场，但又希望保持住调性的品牌经营者来说都不会陌生。当品牌从相对的小众，走向广泛大众的时候，也会产生这样的困惑。

剥离出华为集团的荣耀，走上挑战重重的创业之路，但也获得了可以重新定义和探索更广阔市场的可能性。改变原来定位的局限和品牌存在的撕扯，从重新输出品牌关键词"创新、高级、自由、可信赖"开始，荣耀已经明确了向高端产品进军的决心。

进军高端，一方面需要加入核心技术的研发投入，有高端产品；另一方面，需要塑造能够撑得起高端产品的品牌形象。

很多品牌的做法是高举高打，通过宣传高端旗舰机来树立高端的品牌形象，低端机则通过很强的设计感和品牌拉力来走量，不做任何宣传。在电影《蒂芙尼的早餐》中，霍莉带保罗去她最爱的蒂芙尼，可囊中羞涩的保罗却战战兢兢，他想送霍莉一颗蒂芙尼钻石，最终倾其所有，买下一根霍莉用不上的银针。可以看出高端品牌的神奇力量。

奢侈品行业跟科技行业有巨大的差异，但人性中希望外物带给自己优越感这一点是一样的。不同之处在于，现在的消费者不是买下了一根蒂芙尼的银针，而是买下了一个大品牌的低价格产品。品牌和品质是消费者做出选择的动机。

2.4.1 高端化

随着智能手机的普及，在2021年的时候，全球的手机用户就已达到40亿人，占全球人口的一半，手机净增用户数持续放缓。

第三方监测公司的数据表明，全球手机销量在2017年达到峰值15.66亿部后，开始出现下滑，2020年的销量下滑到大致与2014年的相当。从业内掌握的信息来看，购机主要来自换机用户。

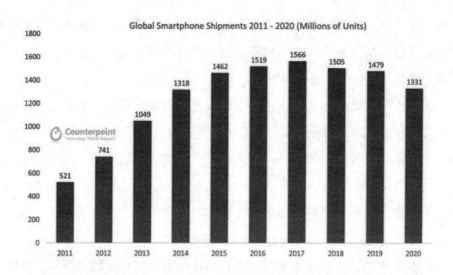

其中换机周期拉长是手机销量下降的主要因素。Counterpoint 2022年发布的数据显示，用户平均换机周期目前已经超31个月；而Strategy Analytics的数据则显示，中国用户的平均换机周期为28个月。而在2014年到2018年期间，消费者换机热情高涨，平均一年多就换一次。追求时髦、爱面子是年轻人勤于换机的主要动力。从2020年开始的新冠肺炎疫情和全球范围的经济下行，让很多年轻人的消费行为发生改变。很多用户认为，随着产品的同质化，新购买的手机相较旧的手机，并没有带来太多惊喜，旧的还能用，就不换了。

随着市场销量的缩小，消费升级的趋势来临，手机厂商纷纷开始思索未来的发展方向，高端化是很多手机品牌的选择。

有的品牌简单地将高端化理解为卖高价，就像当年赵丽蓉老师的小品里的"宫廷玉液酒180元一杯，其实就是二锅头兑的水"；有的科技品牌理解的高端化，则是把用得上和用不上的新功能，统统叠加到产品上；有的品牌则通过镶钻的方式来增加卖点，陈列方式则是向珠宝品牌看齐，然后照搬奢侈品品牌的定价方式，以期达到高端化。

以上这些拔苗助长式的"高端化"，其实是自欺欺人的闹剧。有可能今天标价9999元，两个月后直接降到6999元，降价了还没人敢买，因为有可能还会再降。

第2章 孵化新品牌荣耀

愿意交智商税的人群毕竟是有限的,聪明的消费者对品牌的追求最终要落到品质、服务、体验、身份等多维度的综合需求上。高端化是产品和服务的高品质,是用户全流程完美的体验,也是用户内在情感的满足。

荣耀在2020年11月从华为剥离后,用了一年的时间,跟时间赛跑,迅速建立自有的供应体系,活了下来。2021年初,荣耀对外宣布了新定位"冲击高端,打造顶级旗舰",与苹果展开竞争。荣耀Magic3凭借着突出的市场综合表现,成为4000元—5000元价位段仅次于iPhone 12的抢手机型,显示了向高端上探的能量。2022年1月,首部折叠屏旗舰Magic V充分展现了折叠形态、性能、应用等高端产品的能力。紧接着3月份发布的Magic 4系列,在4000元—5000元价位拿下销量第一,并且在京东的用户好评率持续稳定在97%。

可以看出,荣耀用短短两年时间,在中国形成向高端化发展的势头。

在海外国家中,荣耀也有很多高端化成功的尝试。2023年2月,我先生在墨西哥出差,发回好多荣耀的照片,兴奋地说街上好多人用荣耀。从下面这张照片中,就可以看到荣耀在墨西哥机场进行了高浓度的投放,放眼望去,整个机场都是荣耀的荣耀50手机和Magic Book笔记本等产品的图片,被Tumi等国际大品牌门店包围的荣耀俨然是国际大品牌中的重量级选手。从市场份额和消费者认知的角度来看,荣耀在墨西哥已经将一只脚迈进了高端品牌之列。

从国内和海外的市场表现来看，荣耀具备了走向高端的基本要素，除了雄厚的技术实力，还有两个基础。第一个，在品牌打造上面，一开始荣耀就希望能够建立全球化的品牌形象，并且能够很好地去演绎品牌的特质，所以不管是它的 VI，还是代言人，都透露出十足的设计感，让人感觉很国际化；第二个，荣耀在初期主攻年轻的消费群体，因其品质获得学生等年轻人的青睐。当荣耀的受众从学生人群逐渐成长为主力购买人群的时候，他们在换机时，很可能会直接选择换荣耀高端系列手机。

道阻且长，行则将至。祝愿荣耀和所有正在探索高端化的中国品牌找到正确的品牌跃迁之路。

互动问题

1. 您最认可的高端品牌是哪个？它有哪些地方让您认可？
2. 您认为中国在未来会出现更多的高端品牌吗？为什么？
3. 您认为在智能终端行业中，谁会成为像华为一样受全球认可的高端品牌？

本节金句

高端是产品和服务的高品质，是用户全流程完美的体验，也是用户内在情感的满足。

2.4.2 产品力

要想打入行业高端市场，没有强大的研发实力去打造产品力是不行的。2022年，荣耀的研发团队成员人数增长超过一倍，已超过1万人；每年投入接近10%的营收用于研发，是其他国产手机品牌的1.52倍；在国内和海外拥有多个研发中心和超过100个创新实验室。在中国企业联合会、中国企业家协会联合公布的"2022中国企业500强"榜单中，荣耀在研发强度方面排名第六，第一是华为集团，荣耀是排名前十的企业中最年轻的科技企业。

从华为独立出来以后，荣耀完成了自己的全线产品布局。荣耀手机的产品线共分6大系列（MagicV、Magic、数字、X、Play、畅玩），实现了从千元机到万元机的无死角覆盖。其中Magic系列是荣耀的旗舰也就是高端机系列，是产品力的代表。

不像其他主打高性价比的品牌手机突然转型做高端机，让消费者措手不及，荣耀早在2014年就开始通过Magic系列逐步试水高端差异化产品，是最先尝试人工智能手机概念的品牌。当时很多媒体评论，Magic手机代表着未来手机的发展方向。以下介绍Magic系列是如何积累属于荣耀自己的产品力的。

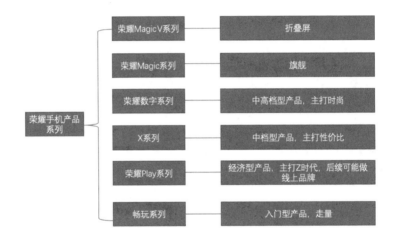

Magic1：开启手机智慧之门

2016年12月16日，荣耀Magic1发布，这绝对是一款设计非常超前的手机，其首创的八曲面玲珑机身在当时引发了轰动。

Magic1加入了许多智慧系统的功能，自动感知判断，主动提供相关服务。拿起手机，在眼睛看它的一瞬间，它便自动亮屏；放下手机，自动熄屏。智能人脸识别，当有新消息时，只有主人能在锁屏状态下看到消息详情，对其他人则隐藏消息。这种人机交互体验，走在了行业的前沿。

我拿到荣耀Magic1试用时，第一感受是超乎预期。在关注电影时，荣耀Magic1会主动、及时地推荐近期热映的大片和购票途径；网购完电影票，到达电影院时，荣耀Magic1能识别出影院位置，自动弹出取票码；开车出行时，荣耀Magic1将切换为驾驶模式，自动导航至目的地。此外，还有智慧输入、快递追踪、智能比价等功能，为用户提供真正有用的贴心服务。唯一一点小缺憾是，长时间高强度使用后，手机会稍稍发热。

因为是第一代产品，荣耀并没有太多备料，但此次试水给日后荣耀的高端发展打下了基础，在消费者心目中种下了一颗种子。

Magic2：滑出魔法世界

2018年10月31日荣耀发布了第二代Magic手机，简称荣耀Magic2。Magic2采用滑盖弹升式前置摄像头，搭载了6.39英寸的Magic Slide魔法全面屏，依旧是八曲面设计。在处理器方面，荣耀Magic2搭载了当时顶尖的麒麟980处理器，并且加入了领先的GPU turbo技术。当时的荣耀Magic2达到了高端的旗舰手机水准。

Magic2在人工智能的功能上没有太大创新，整体市场表现平平。

Magic3：致敬非凡

2021年8月12日，荣耀独立后仅9个月就推出了全新旗舰产品Magic3，这已经是一款各方面表现都十分均衡的旗舰手机。无论是性能表现，还是影像实力，都能够满足用户的不同场景下需求，在打游戏、看电影方面的体验尤其突出。

价格则定位在4599元起步，这并非荣耀传统的"价格舒适区"，充分印证了荣耀独立后第一时间就冲击高端的坚定决心。公开数据显示，荣耀Magic3系列在发布一个月后进入了国内4000—8000元这一高端价位手机销量的前三名。从产品使用上来看，它已经是一款非常棒的高端产品了。

很多用户看到Magic3至臻版的第一感觉是：跟华为保时捷手机好像。太像华为保时捷手机这一点，从销量角度看是加分项，能起到一定的促进作用；但从品牌层面看是减分项，因为给荣耀带来了缺乏独立个性的印象。

荣耀MagicV：折叠旗舰，展跃万千

为了解决消费者反映所有的手机看起来都很相似的问题，荣耀品牌推出了第一款折叠屏手机。团队仅花费一年的时间，就在折叠屏手机的设计和体验上实现了革命性的突破，凭借自研水滴铰链技术，与合作伙伴一起，打造

出极佳的体验感。MagicV的高配价格是10999元。这个价位对荣耀来说，从来没有尝试过。

荣耀MagicV首次试水万元档折叠屏手机，就在市场上取得了不错的销量和口碑，建立了高端产品稳定可靠的特质，成为荣耀品牌上探高端的支撑。

Magic4：每一步，更进一步

2022年2月28日，荣耀在巴塞罗那世界移动通信大会上发布了全新的荣耀Magic4标准版和Magic4 Pro两款新机，荣耀Magic4系列也是继荣耀折叠屏手机MagicV后推出的又一系列重磅产品。

荣耀Magic4系列在发布后一直稳居国内手机市场4000—5000元价位冠军，京东购买用户的好评度高达97%，超过了同价位的其他品牌，位居国内"最畅销的安卓旗舰手机"之列。

从荣耀Magic4系列可以看出,荣耀更加重视算法、算力的智慧体验,在全面升级的Magic UI 6.0加持下,带给用户全新的、智慧化的生活使用体验,以及顺畅的、高效的办公互联体验。

Magic5:领创非凡

2023年2月27日世界移动通信大会正式在巴塞罗那召开,在当地时间的晚上,荣耀正式首发Magic5系列新机。

2023年3月6日,荣耀在上海召开的"Magic5系列及全场景新品发布会",荣耀Magic5系列,包括荣耀Magic5、荣耀Magic5 Pro、荣耀Magic5至臻版纷纷亮相,定价分别为3999元起、5199元起、6699元起。

荣耀终端产品线总裁方飞在接受采访时说:荣耀打造"别人做不到的技术"并非为了炫技,而是希望最终为消费者带来愉悦的使用体验,创造真正的使用价值,解决别人解决不了的痛点。

鹰眼相机

在DXOMARK评测中,荣耀Magic5 Pro以152分的成绩斩获DXOMARK全球手机影像冠军,超过了苹果iPhone 14 Pro等。鹰眼相机可协助用户自动抓拍最精彩的镜头,轻松捕捉,一次成像。在Magic5上市前,荣耀中国区CMO姜海荣的视频号开始提前预热这个卖点。

青海湖电池

据荣耀产品线总裁方飞介绍,青海湖电池历经 9 组验证方案并行,对超过万只电池进行详尽测试分析,打造了四套算法,采用低压聚能技术,最终让硅碳与石墨材料达到最佳平衡与稳定性,大幅提升低压下的电荷使用效率。

自研通信芯片

5G 商用近四年,技术与建网皆进入成熟期,但在地铁、车库、电梯等弱网环境下,手机信号依旧是困扰用户的痛点难题。荣耀 Magic5 Pro 和荣耀 Magic5 至臻版首发了自研射频增强芯片 C1,在全新优化的调谐算法等技术的共同加持下,荣耀 Magic5 系列实现了在弱网、Wi-Fi/蓝牙复杂信号环境、导航等强体验场景下的"最佳连接体验"。

在 Magic5 系列上柜的第一时间,我跑去商场体验,荣耀体验店门口排起了长队。该系列发售以来,中国市场的反响热烈,线上平台的用户评价高,京东评价 4.98 分(总分 5 分),体验、外观、待机等方面都得到用户的肯定;第一批尝鲜用户,已经开始把 magic5 用到了各个场景中;在二级市场,听说价格更高的 Magic5 pro 版和 Magic5 至臻版均出现了加价采购的局面。

第2章 孵化新品牌荣耀

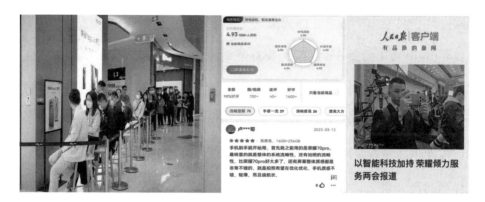

可以看出，在研发不断的技术创新下，Magic5已经达到了高端产品应有的技术和品质，能够满足高端用户对产品的需求，对于正在持币待购的高端手机用户来说，是非常好的选择。包含Magic5在内的同时期的各品牌手机，持续不断地在续航、拍照、通话等功能上优化。在未来，如何带给消费者完全差异化的体验是方向。期待以人工智能起步的荣耀Magic系列在这个人工智能真正开始大发展的时代，成为最强的人工智能载体。

互动问题

1. 在您的心目中哪些公司是具有产品力的？
2. 您认可荣耀的产品力吗？

本节金句

期待以人工智能起步的荣耀Magic系列在这个人工智能真正开始大发展的时代，成为最强的人工智能载体。

2.4.3 品牌力

2014年，我申请从华为终端的销售与服务体系转到荣耀海外业务部去工作，当时接收主管尹龙问我："你在原部门上半年的考核为A，而且华为终端已经进入发展的快车道，为啥愿意来荣耀？"我回答："现在已经进入移动互联网时代，我想来学习互联网的玩法。荣耀团队创新和自由的氛围也非常吸引我。"在其中工作过6年之后，我对荣耀的认知更加深入。每次荣耀遇到困难和挑战，都能用创新的思路去化解问题；经过调整后，总能找到新的出路，达到新的高度。在我的心里，创新是荣耀组织也是荣耀品牌最迷人的特质。

现在正处于互联网已经成熟，万物互联的时代正在形成的阶段。荣耀在这样的时代背景下，因美国的外力作用而独立。荣耀不再是一个产品品牌，而是一个公司品牌，一个需要融入物联网时代的公司品牌。如何在这个新的时代，成为一个超级公司品牌，是荣耀小伙伴们面临的又一次挑战，需要用创新的思路去找到解决方案。

2023年，中国用户的换机周期已经延长至34个月左右，2014—2018年，换机周期约为12个月，即从每年一换到现在的约三年一换。原因很简单，就是换了跟没换区别不大。

以ChatGPT为代表的人工智能引发了全球的极大关注。物联网、人工智能的概念在提了有5—6年后，经过酝酿和发展，它已经来到了我们身边。

通过物联网、PC互联网、移动互联网三个时代的对比分析，大家很清楚地看到，在不同的时代，不同的通信技术会成为主流，不同形态的硬件设备品牌、操作系统品牌、场景应用品牌也应运而生。

从硬件设备这个维度，大家回想一下，PC互联网时代孕育了IBM、戴尔、联想、惠普这些个人电脑头部品牌；到了移动互联网时代，手机品牌如华为、苹果大放异彩；而在物联网时代，硬件设备将会得到极大程度的丰富，超级品牌也将会来自不同品类的产品和服务。

物联网与移动互联网、PC互联网三个时代对比

把准时代的脉搏,只代表上对了船,要想成为时代的超级品牌,其根源在于公司品牌精神内核,而且精神内核是员工和用户内心深处认同的情感记忆。

荣耀剥离出来以后,所提出的"GO BEYOND"品牌精神内核,很多人非常喜欢,也是我曾经深爱过的、自由而创新的荣耀品牌未来应该有的样子。

但要想实现这个精神内核并不简单。以主题曲为例,现在听荣耀的 *go beyond* 主题曲,很喜欢,但不能说深爱。当年听 *Dream it possible*(《梦想成真》)眼里却饱含泪水。一夜之间,大街小巷哼唱,各个公司年会合唱,华为手机在办公室里铃声合唱。跟文化和精神相关的内容,浅尝辄止,不能进入人的心里,就流于形式。唯有由内而外散发出去的精神力量,才能最终让用户产生共鸣。

现在这个时间点给家人买手机,很多人会和我一样,选一台Magic5,但内心却没有当时与胡杨林千年不倒的精神所产生的共鸣,更多的是理性分析后的明智之选。

我通过小样本量的调查,做了一个荣耀现在的品牌价值的六边模型打分。

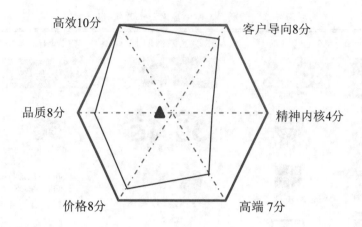

从荣耀的价值六边形粗略评估来看，荣耀是一个非常理性的品牌，但是要想成为一个超级品牌，首先就需要为精神内核补课。

品牌内核真正形成之时，也将是品牌力形成之时。

写到此处，耳边响起beyond乐队的灵魂人物黄家驹作曲、刘夕爱作词、叶炫清演唱的国语版的《海阔天空》。

我知道，

那些炙热与梦想，

总是在黑夜中微弱地发光；

每掉进绝望，

就会固执地想象，

天方地圆的辽阔，

有多长。

互动问题

1.在您的心目中，哪些公司是具有品牌力的？

2.这些品牌是如何获得您的认可的？

本节金句

我知道,
那些炙热与梦想,
总是在黑夜中微弱地发光;
每掉进绝望,
就会固执地想象,
天方地圆的辽阔,
有多长。

第3章

HUAWEI

从产品品牌到生态品牌

3.1 美国打压催生华为终端生态

3.1.1 打压

2019年5月,华为终端面临美国突如其来的打压,这件事情影响了华为终端的整个发展轨迹。我们先一起来回看当年的整体环境。

宏观来看,2019年是纷繁复杂的一年。国际货币基金组织指出"全球经济目前陷入了同步放缓的境地",不断加剧的贸易和地缘政治紧张局势,增加了未来全球贸易秩序以及更广泛的未来国际合作的不确定性,给商业信心、投资决策和全球贸易造成了不利影响。

2019年,消费品面临的国际环境是风险和挑战不断,在全球产业链、供应链、价值链紧密相关的情形下,地缘冲突、金融市场动荡、单边主义和保护主义抬头等问题频出。尤其是中美经贸摩擦,对我国消费品和工业消费品出口造成了较大的影响。

2019年,美国白宫发布的《关键与新兴技术国家战略》指出:美国有必要确定关键与新兴技术的优先秩序,对不同优先级事项采取差异化策略,在最优先技术领域,发挥领导作用,以确保国家安全和经济繁荣;在其他优先技术领域,与盟友和伙伴保持"对等合作"。

我国在供应链、全球贸易方面,从此遭受了诸多打压。除了大家熟知的芯片"卡脖子"外,个人电脑和手机操作系统、核心工业软件、数据库管理系统、高端电容电阻、高端铣刀、高端轴承钢、超精密抛光工艺等面向各行各业的二十多项核心技术都面临着"卡脖子"。

联合国发表的世界经济报告显示，由于贸易局势和投资的大幅缩减，全球经济增速在2019年降至2.3%，为10年来最低水平。德国信贷保险公司研究表明，2019年全球商品和服务贸易量仅增长了1.5%，远低于2018年的3.0%。世界经济下行压力通过全球产业链的影响传导到我国的消费品工业，使我国消费品工业发展因全球和不确定性而受到了影响，而我国私人消费的稳步增长抵消了这部分影响。

全球以信息网络智能制造、新能源和新材料为代表的技术创新浪潮，正在推动着新一轮的产业变革，世界制造业的发展格局面临着重大的调整，全球价值链成果已经揭开了面纱。受此影响，我国消费品工业生产制造方式、组织形态、商业模式和技术创新路径逐步向数字化、智能化转型。国内环境在全球经济增速显著放缓的背景下，2019年，中国经济增速下行压力明显，但在国内相关领域推出的一系列改革措施的作用下，我国的经济运行总体平稳。国家统计局数据显示，2019年全国GDP同比增长6.1%，全国规模以上的工业同比增长5.7%，社会消费品零售总额为41.16万亿美元，同比增长8.0%，全国固定资产投资（不含农户）达55.15万美元，增速明显领先于全球的其他经济体。

从行业来看，2019年，中国和很多国家都已经步入5G时代。由于5G技术高带宽、低时延的特点，更多的终端会接入网络，终端种类呈多样化发展，比如手机、摄像头、AR/VR终端、无人机、机器人，还有各种to B的终端，比如远程会议终端、医疗终端、警务终端、设备管控终端等。人和机器之间的连接，机器和机器之间的连接就变得更加的广泛和及时，一个井喷式跃迁型的变化即将来临。

从客户来看，人们的消费能力依然是经济增长的第一拉动力。中国商务部在新闻发布会上表示，2019年消费增长主要有四个方面的特点：一是服务消费快于商品消费，居民人均服务性消费支出占比45.9%，比上年提高1.7个百分点；二是乡村消费快于城镇消费，乡村消费增长9%，高于城镇1.1个百分点；三是线上消费快于线下消费，实物商品网上零售8.5万亿元，增长

19.5%；四是中高端商品消费快于基本需求消费，化妆品类、通信器材类分别增长12.6%、8.5%，品质化、个性化、多样化消费增多。

从竞争来看，这一轮竞争跟以往完全不同。美国政府将华为视为对手，开始了六轮疯狂打压，举一个国家之力打压一个民营企业，这搁在任何一家公司身上都是灭顶之灾。

第一轮：2019年5月，华为不能使用美国的EDA（三大芯片设计软件公司Synopsys、Cadence和Mentor Graphic都是美国的）、谷歌的GMS（mobile service），高通等美国供应商停止对华为供货。

第二轮：2020年5月，所有使用美国技术的公司，不能给华为供货和代工，包括台积电、联发科、高通、英特尔、AMD等等。

第三轮：2020年8月，对华为云服务进行制裁，禁止美国所有公司对其提供产品和使用其设备与服务。

第四轮：2021年3月，所有使用美国技术的所有企业不得向华为提供半导体、电池、天线甚至电阻、电容等等。本轮属于第二次制裁的细化，封锁更加全面。

第五轮：2022年7月19日，美国参议院通过芯片法案，逼迫国际芯片大厂"选边站"。要求美国补助的企业在美国建厂后，10年内不得扩大对中国高端芯片的投资——也就是14纳米及更小芯片的在华投资。并预备了第二手，即建立"芯片四方联盟"和"友岸外包"，把芯片产业控制在美国"朋友圈"的企业手中。

第六轮：2023年1月31日美国彭博社最新报道称，美国政府正在考虑切断美国供应商与华为的所有联系，有可能在2023年5月，将华为加入"实体清单"四周年之时付诸实施。

任总在接受媒体采访时提到，尽管受到美国的打压，撇开个人利益、家庭危机和华为公司利益，美国仍然"是一个伟大的国家。美国在制度、创新机制、创新动力等方面的先进性，会使美国继续繁荣。美国一打压，我们内部受到挤压后，就更团结，密度更强，更万众一心，下决心一定要把产品做好"。所以,他说:要学习"美国在制度、创新机制、创新动力等方面的先进性。当市场出现困难时,我们如何在市场上呈现并保持非常好的形象、给人增强信心是很重要的"。"希望不要引导我们的员工最终有着狭隘的民族心理反美,也不要有着民粹主义的思想导致最终落后"。

互动问题

1.面对美国的打压,您觉得中国企业应该怎么做?
2.被美国打压的全球其他企业中,哪些企业的做法值得我们学习?

本节金句

在面对打压时,任总说要学习"美国在制度、创新机制、创新动力等方面的先进性。当市场出现困难时,我们如何在市场上呈现并保持非常好的形象、给人增强信心是很重要的"。

3.1.2 突围

华为手机年出货量已经超过2亿部,位列中国第一,全球进入前三。快速发展的背后离不开技术的先进性和领先优势。华为公司管理研讨提纲中提到"要做强基础平台,做强连接,把握业务发展方向,支持和满足新技术的各种场景化应用,使技术更好地为客户服务,为客户创造价值,构建产业竞争与控制力"。不管是在2012年K3V2芯片成为业界速度最快的四核处理器,还是对安卓系统进行"底层手术式"优化,解决卡顿难题,都是在践行这一理念。单就说安卓"底层手术式"优化这个项目,相当于把整个安卓底层代码都重新写一遍。这些努力使得华为终端已在软硬件核心技术领域形成了积累。2019年5月,面对美国的一系列打击,对于受伤最重的华为终端而言,如何确保业务的连续性并活下来成了当务之急。

可以看出来,在华为因美国的打压而芯片断供的情况下,原有手机业务受到了空前的挑战。这种情况放在任何一个公司身上，基本上都是灭顶之灾。衰退还是增长？生存还是死亡？华为在巨大的挑战面前，表现出了极强的韧性和应变能力，尝试找到新的增长来抵消原有业务的断崖式断层。

在被美国打压、从原有产业生态中被排挤出来后，华为终端开始了从软件、硬件、产品形态三个方面的一系列突围行动。

软件方面

鸿蒙 OS 1.0（HarmonyOS 1.0）

2019年8月9日，华为举行开发者大会，发布鸿蒙操作系统。鸿蒙作为全球首款面向全场景的分布式操作系统，将人、设备、场景联系在一起，象征着操作系统全球格局变化的起点。8月10日，搭载鸿蒙操作系统的荣耀智慧屏发布。

鸿蒙 OS 2.0

2020年9月10日，在华为开发者大会上，鸿蒙操作系统升级为HarmonyOS 2.0，其具有跨设备服务流转、急速直达、可视可说、隐私安全等优势。在全球180万开发者的支持下，华为移动服务（HMS）生态迎来了高速增长，超过9.6万个应用集成HMS Core，华为应用市场（App Gallery）全球活跃用户达4.9亿，2020年1月至8，App Gallery应用分发量达2610亿，全球第三大移动应用生态破土而出。2020年，华为已与美的、九阳、老板等家电厂商达成合作，这些品牌将发布搭载鸿蒙操作系统的全新家电产品。

2021年6月2日，在HarmonyOS 2.0及华为全场景新品发布会上，余承东表示，未来十年华为消费者业务的战略是全场景"1+8+N"智慧生活解决方案，重点围绕智能家居、智慧办公、智慧出行、运动健康、影音娱乐五大生活场景来构筑体验。HarmonyOS 的应用迅速拓展，终端产品有手机、智能音箱 Sound X 等，美的发布了美的物联网操作系统，基于鸿蒙的全场景智能家具操作系统，搭载HarmonyOS智慧座舱的汽车AITO问界M5亮相。HarmonyOS迎来第三批开源组件769个，涉及工具、网络、文件数据、框架、UI、动画图形、音频、视频等。

2022年，鸿蒙操作系统登陆欧洲，鸿蒙此次出海用户有望暴增，将成为继安卓、iOS之后的全球第三大手机系统。华为还推出了自研的HMS服务，其主要目的就是替代谷歌GMS服务和安卓系统，经过近两年的努力，也已经初步实现了这一目标。

鸿蒙OS 3.0

2022年7月27日，HarmonyOS 3.0正式亮相，UI风格更清新，功能也全面进化，比如更多超级终端设备，更自由地连接，更随心地协同，更高效地协作；更自如的卡片服务，更具个性的交互和智慧服务，更妙趣的体验；还有更强的性能和隐私安全体验。HarmonyOS 3.0已经脱胎换骨成为物联网时代的引领型操作系统，手机、汽车、打印机、微波炉、电饭煲等都能用，可以说成为当前用户最多的物联网系统。华为Mate50系列出厂自带HarmonyOS 3.0，华为Mate40系列、P50系列等一系列机型开始正式升级HarmonyOS 3.0。

2022年12月，华为Mate50系列搭载的HarmonyOS 3.0新版本，着重升级了充电加速功能。升级后，Mate50系列超级快充的充电速度更快，充电模式弹出提示也更稳定。

2023年1月，由中软国际提供技术支持，新开普电子推出的电子班牌顺利通过兼容性测评，获颁OpenHarmony生态产品兼容性证书。

硬件方面

对应芯片问题，华为终端借助海思和哈勃投资两方面的力量，努力尝试解决问题。一方面加强自身的技术能力，比如芯片堆叠、光芯片、量子芯片等，华为还在寻求新的突破口，积极研发光电芯片、堆叠芯片等新的方案，并自主研发了屏幕驱动芯片、射频芯片等，以加速摆脱技术上受美方的影响。另一方面，华为加强与外部联合，积极地应对"卡脖子"，展开自救。华为轮值董事长郭平表示，"华为毕竟是一家公司，我们不是一个产业链，所以会通过投资和用华为的技术去帮助产业链成熟和稳定"。华为成立了哈勃投资公司来完善自己的供应体系。哈勃投资从创建到2022年的三年时间，共发起对超过60多个公司的投资，涵盖半导体材料、射频芯片、显示器、模拟芯片、EDA、测试、CIS图像传感器、激光雷达、光刻机、第三代半导体、人工智能等多个细分领域。

产品形态上

华为终端已经开始发力平板电脑、穿戴设备以及虚拟现实业务等新领域。华为的智选生态、硬件和软件生态的战略拓展到五大类场景，力求打造智慧化的用户体验，包括智慧办公、运动健康、智能家居、智慧出行、影音娱乐。借助和生态合作伙伴的一起努力，实现快速商用。

2022年4月20日，"华为终端商用办公新品发布会"上，余承东宣布全面进军商用领域，华为消费者业务更名为华为终端业务，把精品的体验从消费级产品带到商用领域。华为终端的业务将会全面覆盖消费产品和商用产品两大模块。其中消费产品继续聚焦服务大众消费者；商用领域华为终端业务将依托硬件和软件两大生态，不断丰富商用笔记本、台式机与显示器、平板、智慧屏、穿戴等产品品类，重点为政府和教育、医疗、制造、交通、金融、能源六大行业提供商用办公解决方案，提供诸如无纸化办公、智慧课堂、计算机教室、矿井员工安全作业协同、互动式保险方案等行业级产品方案，帮助企业通过商用办公解决方案走向数字时代。

拓展更广阔的消费者智慧终端和向商用领域进军是华为终端寻找的新增长点。华为终端的战略重心还是聚焦在为客户提供场景化的解决方案，但不同的是，客户除了to C还有to B，产品类型从手机拓展到n种智能终端产品，场景的丰富度大大拓宽。这种丰富度的提升对华为终端来说，不是靠一个公司能够完成的。在新的业务定位下，华为终端采取了更加开放的业务模式，和更多的合作伙伴一起，去满足更广泛场景下的智能终端需求。

外媒路透社2021年6月2日报道，中国科技巨头华为正式推出HarmonyOS 2.0，6月2日晚间，部分华为手机将一键升级。这意味着华为将不再依赖美国谷歌公司的安卓系统。

外媒彭博社2022年6月21日报道：美国在实施一系列限制措施后，中国的芯片行业增长速度比世界上任何其他地方都要快。彭博社整理的数据显示，平均而言，在过去四个季度中，每个季度里世界上增长最快的20家芯片行业公司有19家来自中国，而去年同期的这一数据为8家企业。报道称，这些中国芯片行业公司的收入增长速度是阿斯麦等全球知名半导体企业的数倍。

2022年12月30日，华为轮值董事长徐直军在发表的新年致辞中透露，在经受了美国限制措施的考验后，2022年华为业务恢复正常，已经转危为安。终端业务下行趋势放缓，智能汽车部件竞争力和用户体验显著提升。路透社对该致辞的内容进行了转载，并对华为的状况进行了报道。

2023年2月27日至3月2日，巴塞罗那世界移动通信展召开，华为发布了集诸多"黑科技"为一体的华为Mate 50 Pro、折叠屏手机华为Mate Xs 2、年轻人喜欢的前置影像巅峰之作华为Nova10系列，成为海内外关注的亮点。

"宝剑锋从磨砺出，梅花香自苦寒来。"向这场战斗中的所有人致敬！

互动问题

您看到或者感受到了华为在突围上的哪些成效？

本节金句

在新的业务定位下，华为终端采取了更加开放的业务模式，和更多的合作伙伴一起，去满足更广泛场景下的智能终端需求。

3.1.3　对生态的理解

政届

2019年，美国白宫在《关键与新兴技术国家战略》中提到，科技方面的领导地位是美国繁荣的驱动力,近年美在某些关键和新兴技术领域的领导地位在下降。美政府有必要采取行动扭转这一趋势。并指出,美国有必要确定关键与新兴技术的优先秩序,对不同优先级事项采取差异化策略:在最优先技术领域,发挥领导作用,以确保国家安全和经济繁荣;在其他优先技术领域,与盟友和伙伴保持"对等合作"。

《德国2020高科技战略》指出,德国将提升制造业的智能化水平,建立具有适应性、资源效率及基因工程学的智慧工厂,在商业流程及价值流程中整合客户及商业合作伙伴。其技术基础是网络实体系统及物联网。德国工业4.0是指利用物联信息技术将生产中的供应、制造、销售信息数据化、智慧化,最后达到快速、有效、个人化的产品供应。

2022年3月27日,据俄罗斯卫星通讯社报道,由于受到美国制裁,谷歌已经停止认证运行安卓系统的俄罗斯BQ公司的智能手机,该公司将转向使用中国华为公司打造的鸿蒙系统。

近年来,除了大家熟知的芯片"卡脖子"外,我国个人电脑和手机操作系统、核心工业软件、数据库管理系统、高端电容电阻、高端铣刀、高端轴承钢、超精密抛光工艺等面向各行各业的二十多项核心技术都面临着"卡脖子"。对于需要应用这些新科技的企业来讲,都将会面临巨大的挑战。

2021年,我国在"十四五"发展规划中提出,将重点突出发展前沿未来产业,并全面部署强化国家战略科技力量的支撑作用,力争培育发展若干具备良好发展前景的前沿未来产业领域,为新时期战略性新兴产业发展提供新的增长点。

国家层面提出的"发展前沿未来产业领域",其实指引了一个重要的工作方向:中国企业曾经赖以生存的生态,在技术发展和国际形势下,已经发生了巨大变化,需要企业重新做战略思考。

打造产业生态,政府的重点是培育让大、中、小、微生物相互作用的热带雨林生态,有了热带雨林生态,就不怕长不出参天大树,也能确保持久的勃勃生机。整个生态的企业集群聚集在一起,企业间充分协作才能有化学反应,企业才能相互促进共同成长和进化。

第3章 从产品品牌到生态品牌

学届

管理学家詹姆斯·穆尔（James Moo）是最早提出构建"商业生态系统"的学者，他提到商业生态有以下三个方面的作用。

共生：各成员分工协作，为共同的目标，有机地联合成一个整体，协同为客户创造价值，实现生态圈的整体价值最大化。共生的核心是创造一个价值平台，这个平台可供生态圈中各商业伙伴共同利用和分享，从而使价值创造活动得以系统化地组织。

互生：生态圈成员呈现一种相互依赖关系，每个成员的利益都与其他成员，以及生态圈整体的健康发展相关系。成员所创造的价值会在整个生态圈中进行分享。如果缺乏这种分享，生态圈的健康水平就会受到威胁，成员可能会出现衰退，或转向其他生态圈。

再生：任何产业都有其发展边界，当外部环境变化或产业进入成熟期之后，可能会发生整个产业的衰退。再生是指通过重新关注最适合的市场和微观经济环境的产业区域，将一些资源转移到新的生态圈，建立更好的合作框架和更健全的经济秩序，从而成功穿越未来更宽广的市场范围。

由于行业结构发展得非常迅速，传统的纵横结合的概念使我们在新的合作共同体的世界中遭到失败。竞争的优势不再必然出现在经济规模和范围当中。在多变的新的世界秩序中，要成为领先的公司，就必须持续地改变自身，超越行业的划分。比如，沃尔玛究竟是零售商，还是批发商，抑或是信息服务公司？因此，穆尔建议用"商业生态系统"这个更合适的术语来代替"行业"。

商界

商界对产业生态的思考，很早就开始了。产业生态创新之灯泡照亮世界，爱迪生既不是发明电的人，也不是发明电灯的人，但是他发明了一整套商业化生态，耐用的灯丝以及发电、输电和变电系统，甚至连收费电表都有考虑。恰恰是爱迪生的一系列创新，带来了第二次工业革命，即电气化革命。

PC时代，微软的桌面操作系统Windows和英特尔面向桌面系统的复杂指令集的CPU，联手打造了软硬件生态。很快PC在全球普及开来。

我也尝试去理解生态，并有了如下一些思考：

生态的形态是非常丰富的，可以是由上下游供应商、用户、合作伙伴等组成的实体经济生态，也可以是基于区块链技术、基于VR技术、基于元宇宙技术的虚拟现实生态。

生态链上的组织相互作用从而形成了生态。何为生，生就是组织内部的气血循环系统，通过与外界顺畅交换，将外界的能量转化为身体组织需要的养分。生态链上的企业亦然。

从2G到3G时代，原来以硬件和营销为核心的终端品牌，一夜之间被有操作系统的可以拓展应用的智能手机品牌所取代。5G万物互联时代，每个人使用的每一台终端都将成为网络的一个节点。手机不再是中心，耳机、眼镜、手表等可以成为多中心，或者叫作"去中心"化。5G时代的终端设备不再只是硬件的升级换代，也会伴随着软件服务的升级换代，背后是一个巨大的系统，真正把握人的生产行为、生活行为、消费行为；甚至可以把心电数据、血流数据等根本无法控制的数据都汇集到云端之后，在没有延迟的情况下给出各种反应。这种行业特性，要求企业去思考自己的产品和服务如何借由网络生态更大范围地连接用户，并为用户持续提供可迭代升级的价值。5G时代的企业将更大程度地相互交换、相互作用，形成更加紧密的生态体系。

在经历了与美国"卡脖子"行为的殊死搏斗后，此时的华为被逼出安卓生态和高通生态，走上了重建生态体系的艰难之路。这个生态体系包括以操作系统为首的软体系和以芯片研发及制作为首的硬体系。异常艰难的道路，充满太多的未知数，但此时的国家产业基础和国际竞争局面，都在助推这个新的体系诞生。

中国企业从生态成员变成生态体系的打造者，这是一场竞争局面的升维，代表着从参与者成为平台和规则的制定者。在技术层面制定标准，在市场层面建立合作模式，这些问题都需要生态平台的领导者站在更高的视角去思考。

从先行探索者的经验可以看到，产业生态的建设必须具有前瞻性，需要提前布局，而且要有足够的耐心去等待产业生态的成熟。如果错过时机，很难在同时代新造一个类似的生态。比如说半导体产业，早在二十世纪七八十年代欧美日就已经开始布局，将各个关键的控制点牢牢地掌握在自己的手上，你很难重新去形成新的产业生态。

然而物联网是一个新的产业，各个国家都有一定的产业优势，中国也具有自己的优势，所以就有可能自己重新建立崭新的产业生态。

基于新的领域、新的功能和新的解决方案的产业生态，从哪儿着手，边界到底在哪里？核心的能力点和控制点到底在哪里？如果这些问题没有考虑清楚，产出就像在流沙上搭的建筑，环境一变，也就坍塌和消失了。迪拜的帆船酒店，通过把两百多根基建柱打在40米深海下形成建筑体的地基，解决了这个问题，从而成为全球著名的七星级酒店，并且促进了这个沙漠旅游城市的繁荣。物联网生态也需要牢靠的基建柱。做鸿蒙操作系统，其实相当于在打地基，将地基与大地紧密结合，就有可能在沙漠里建成摩天大厦，也可能在荒漠里开辟出勃勃生机的新生态。

新的产业生态如果照抄照搬旧的生态，必将没有生命力，形成差异化的解决方案才是生存之道。

鸿蒙去做物联网的操作系统，不再仅仅基于手机，而是强调物与物之间连接的性能，就是更换思维和角度，去做新的解决方案。

鸿蒙应用生态除了满足原有的应用之外，只有开发出新的"杀手级"应用，才能够让这些生态活起来。如果只是照搬复制，基本上很难成功。

芯片追求去做多少纳米一定是落后的，而是需要找到新的技术点，比如说光通信、光芯片，比如说云端的解决方案。

互动问题

1.要想引领新产业的发展,给出中国解决方案,需要企业之间纵横联合,让各自的优势都能充分地发挥。我们常看到中国企业组成各种产业联盟,但很多都流于形式,新闻发布会做得很好,但实际上没有进一步的深度合作,最后不了了之。您觉得根源在哪儿?

2.您觉得鸿蒙生态的发展要想成功,需要哪些方面的力量支持?

本节金句

生态链上的组织相互作用从而形成了生态。何为生,生就是组织内部的气血循环系统,通过与外界顺畅交换,将外界的能量转化为身体组织需要的养分。生态链上的企业亦然。

3.2 鸿蒙操作系统生态

2019年5月21日,在中国媒体圆桌采访上,有记者问到任总关于操作系统的问题。任总认为:"做一个操作系统的技术难度不大,难度大的是生态,怎么建立起一个生态?这是一个大事情,慢慢来。"

3.2.1 鸿蒙生态VS其他OS生态

鸿蒙

鸿蒙操作系统的特点

操作系统有连接、控制、赋能等平台性作用,需要从底层入手,开发难度很大，是最艰难的北坡。又冷又陡的北坡少有人走，也布满荆棘，一不留神就会摔下万丈深渊。直达山顶，考验的是研发实力，考验的更是企业的决心，是不是敢于在新的外部环境中，新的产业周期里寻找到突破，把时间、人力资源、资金，投入到能产生长期价值的事情中。

很多读者对鸿蒙的了解始于2021年6月2日开始的对华为终端设备的公测升级。升级从第一批的华为Mate 40系列、Mate 30系列、P40系列、Mate X2、MatePad Pro开始，逐步覆盖华为其他型号的终端产品。有些从安卓升级到鸿蒙的用户，第一次切换的时候，感觉相较原来是没有人多差别的。这样的效果实际上是非常难得的，就像曾经的苹果操作系统在做切换的时候，也是尽量去保持平滑的。对华为来讲，这个成绩已经非常不错了。

与安卓等面向手机的操作系统不同，鸿蒙是面向全场景分布式的操作系统，擅长多设备交互，让消费者操控多个设备像操作一台设备一样简单。作为华为倡导的万物互联的一个入口，鸿蒙为国内物联网生态构建和发展带来新机遇，全场景软硬件生态合作伙伴都可以基于鸿蒙给用户提供便捷的多设备交互服务。

华为终端总裁余承东在2022年开发者大会上提到，华为终端将围绕智慧出行、智慧办公、运动健康、影音娱乐、智能家居五大场景，以八大创新技术为鸿蒙"底座"，30000＋API为鸿蒙"砖块"，全链路自研开发套件为鸿蒙"工具"，构造鸿蒙世界。

在五大场景的产品中，有四类用的是跟手机相同的鸿蒙操作系统，其中智慧出行里的智能网联车，考虑到其复杂性，又进一步开发了鸿蒙智能座舱，实现了手机、汽车及其他智能终端设备之间更深程度的互联，手机和车机的计算能力、通信能力、定位导航能力等都可以进行深度融合。比如开通数字车钥匙后，可以通过手机开车、锁车、开窗、启动引擎等。又比如，导航中若出现手机信号弱，华为智能座舱可以叠加手机和车辆的GPS信号。

Harmony 与 OpenHarmony

2020年9月，华为将鸿蒙系统的底层代码捐给了开放原子开源基金会，随后成立了开源项目，该开源项目命名为"OpenHarmony"。当把鸿蒙操作系统捐给致力于开源产业公益事业的基金会的那一刻起，华为其实已经不再只思考短期商业利益，而开始考虑全球技术演进的公共问题，将开源作为商业长期战略的一个重要环节，并为整个人类技术的发展做出自己的贡献。

鸿蒙系统被华为捐献之后就分了两个主体。第一个是华为鸿蒙，这一部分由华为继续研发，完成技术升级，主要用于华为自己的产品；第二个是开源鸿蒙，全球的开发者都可以对鸿蒙操作系统进行研究、使用、参与，这会促使鸿蒙操作系统更加完善，并更快地产生更多的应用。从源代码开放这个角度来看，鸿蒙操作系统现在不仅属于华为，也属于全世界的参与者与开发者们，大家可以基于鸿蒙，共同建设新的生态系统。这些参与者包括但不限于用户、芯片厂商、模组厂商、硬件产品品牌商、应用软件公司。

不同的公司可以基于开源鸿蒙的根技术，结合自身业务特长，做成商用的产品和服务，构建自己的核心竞争力，可以赚钱并持续升级。

多方支持鸿蒙生态

2022年11月4日华为终端对外宣布，经过四年的发展，鸿蒙已经从1.0走到3.0，"目前搭载HarmonyOS的华为设备已达3.2亿，较去年同期增长113%；鸿蒙智联产品发货量超2.5亿，较去年同期增长212%"。

万物互联的时代比以往任何一个时代都更强调核心层的统一。格力、美的等企业纷纷加入鸿蒙生态，应用鸿蒙操作系统，开展了产品系列的深度合作，这对华为的鸿蒙生态来讲是非常有利的因素。

鸿蒙智能座舱是华为技术有限公司于2021年12月23日发布的全新的智能车载操作系统。这款智能车载操作系统延续了鸿蒙操作系统在手机及平板上功能的同时，基于对驾驶的研究，针对驾驶员的视野进行了科学的分区，设计了可以让用户高效浏览、快捷直达的全新桌面布局；还拥有支持全屏、分屏、悬浮窗等丰富的窗口显示形式的智慧多窗功能，满足不同使用场景的需求，实现更轻松的交互体验。

鸿蒙智慧座舱在智能网联车领域的推广速度也非常快，比亚迪、吉利、北汽、长安、广汽、赛力斯等纷纷选择鸿蒙。北汽极狐阿尔法S HI版、赛力斯问界M5/M7、长安阿维塔11、北京汽车的北汽魔方、吉利旗下的几何G6等车型陆续面世。尤其是赛力斯M5和M7，在我居住的深圳，路上已经频频可见。

为了帮助推动鸿蒙系统的发展，深圳政府公布的购买新能源车补贴政策中特别对搭载鸿蒙系统的车型给予政策补贴。

iOS

在智能手机和平板等产品领域，苹果生态是将软件、硬件、服务整合在一起的封闭型生态。虽然这个黏性的沼泽很深，但很多消费者乐在其中。因为iOS操作系统仅供苹果自己的手机、平板、笔记本等系统使用，所以严格来说iOS是苹果闭环生态的一部分，iOS和苹果的硬件和服务一起组成了生态。而苹果的生态，基于iOS操作系统和一个云端的账号实现连接，苹果自有品牌的智能终端产品，包括手机、手表、音乐播放器、笔记本、显示屏等合成了一个有机的整体。

除了自有的设备，苹果也向智能家居领域渗透。苹果的智能家居叫HomeKit，而HomeKit不是一个类似iPhone的智能设备，而是2014年作为iOS 8的一部分，首次发布的软件框架，用于使智能家居产品与iPhone、iPad和Apple Watch等配合使用。在智能家居硬件领域，苹果则相对比较开放地引入了合作伙伴。生产智能家居产品合作伙伴，必须遵守特定的技术标准，并支持iOS的HomeKit软件接口，才能获得HomeKit认证。可以看出，在智能家居领域，iOS依然装载在苹果自有的智能终端上，但通过HomeKit软件框架，实现了对合作伙伴智能家居产品的控制和延伸。

HomeKit允许您设置房间、场景、动作和触发器，以自动化所有智能家居设备。希望您的手机在下班回家时自动检测您的位置并解锁前门，打开楼下的灯并开始播放音乐吗？是否想每晚晚上11点关门并关掉所有灯？这些是HomeKit适用于的场景。

最初，苹果将对支持HomeKit的设备的控制权留给了第三方软件开发人员。事实证明这有点混乱，因此iOS 10为我们带来了Home应用。

在家庭应用程序中，您将查看和管理已启用HomeKit的设备。但更重要的是，您将在它们全部"居住"的地方创建"房间"，然后将产品组合成"场景"。

例如，您可能会创建一个名为"晚安"的场景，选择该场景时，它会关闭所有启用HomeKit的灯，锁定启用HomeKit的前门锁，并将恒温器调至较低的温度。将场景想象为可同时设置一组智能家居设备的宏。

Home应用程序还允许您构建"自动化"，这是无须您干预即可控制智能家居设备的规则。您可以将某些操作设置为在一天的特定时间或特定的人回家或离开家时发生（基于其iOS设备位置）。您也可以使一台设备触发另一台设备：考虑在前门解锁或触发移动探测器时打开灯。

将设备添加到"家庭"应用后，您可以使用Siri轻松控制它们。

在近两年备受大众关注的智能车领域，苹果品牌的汽车处于一直听到传说，但没有见到真身的阶段。但基于苹果 iOS 开发的车载应用 CarPlay，已经通过跟一些车厂的合作，见诸车端。如果用户的汽车配备了 CarPlay，就能连接 iPhone，并使用汽车的内置显示屏和控制键，或 Siri 免视功能与之互动。可以看到，iOS 生态在通过 carplay 向车的领域扩张。用户可以打电话、听音乐、收发信息、使用导航，也可以做开车窗、开关空调、调整座椅等控制。这对于没有智能座舱开发能力的车厂来说，是一种可以嫁接的非常高效的智能化方式。但因为 CarPlay 是基于智能手机 iPhone 开发的，这就决定了使用起来必须具备两个前提条件：首先车厂必须让苹果调用底层控制能力和共享数据，其次车用户必须用 iPhone。再次体现了 iOS 通过和手机硬件捆绑的方式，实现封闭的应用和体验闭环。

安卓生态

2007 年 11 月 5 日，Google 牵头，与手机制造商、软件开发商、电信运营商和芯片制造商总共 65 家一同创建了开放手持联盟。安卓则是开放手持联盟中基于开放源码许可证的旗舰软件。安卓系统与苹果 iOS、微软 Windows Phone、诺基亚塞班、黑莓 RIM 系统、三星 bada 竞争，曾获得了全世界范围的企业和程序员的支持，因其开放性，逐步与其合作的设备厂家多达上千家，是使用最广泛的操作系统。

安卓系统提供的自由环境，也聚集了很多的开发者，其中 Google play 里面的 APP 多达 600 万个。安卓系统全球的用户数接近 20 亿。安卓系统在 2007 年还是一个后进入的参与者，为何能成为世界第一大操作系统。我们在此回顾一下安卓生态的发展过程。

2008 年第一部支持安卓系统的手机 htc 为美国电信运营商 T-Mobile 订制的 G1，其销量表现一般。当时苹果的 iOS，微软的 Windows phone、诺基亚的塞班、黑莓的 RIM 都呈现出了各自的竞争力，不管是设备厂家还是用户很多都呈观望的态度，在为选择加入哪个阵营而纠结。当时操作系统老大微软的内部，就是否在Windows mobile上采用触摸屏模式的决策上花了数月时间。对市场缺乏洞察的微软在纠结中，将进入市场的先机拱手让给了安卓系统。在随后的市场策略里，微软对每台终端收取费用，让厂家一步步远离。而谷歌则以免费开放源代码许可证的授权方式，加速安卓的普及，智能手机、平板电脑以及其他设备的厂家纷纷加入安卓生态。到2017年安卓全球设备超越Windows，成为全球第一大操作系统。从2007年到2017年的10年时间里，安卓联盟发展成了一个庞大的生态系统，安卓通过操作系统实现了生态的构建。

其他一些物联网OS生态

物联网时代已然来临，但美国的科技巨头们，并没有给出很好的操作系统解决方案，各大公司纷纷自己开始操刀做操作系统。

在国内相对比较知名的是阿里的AliOS、腾讯的TencentOS tiny、小米的VelaOS。同时，格力、TCL这些传统的制造企业也都在搞自己的物联网系统，比如格力的G-OS物联操作系统。

海外物联网系统，有微软的Windows 10 IoT、谷歌的Fuchsia OS、苹果的SiriOS、三星的SmartTings等。

但这些物联网操作系统，在生态建设上也处于起步阶段，并没有形成优势。

谈到操作系统OS（operator system），必须谈一谈用户界面UI（user interface）。关于操作系统OS跟UI之间的关系，就好像酒店整体和酒店前台的关系。不管是订房、洗衣、餐饮还是退房等服务，客人需要办理什么业务，只需要跟前台（UI）沟通；当了解清楚客户的需求后，前台将这些工作传达给酒店的客房和餐饮等部门，为客户提供服务的酒店就是一整套的运营系统（OS）。

从技术的角度描述，操作系统OS是管理和控制计算机硬件与软件资源的计算机程序，是直接运行在"裸机"上的最基本的系统软件，任何其他软件都必须在操作系统的支持下运行。操作系统是用户和计算机的接口，同时也是计算机硬件和其他软件的接口。

中国的移动设备厂家中，华为的 EMUI、小米的 MIUI 就是名副其实的 UI。OPPO 的 Color OS、vivo 的 Funtouch OS，应该都属于安卓操作系统上开发的 UI。

华为的 EMUI 在开发上做得很深入，尤其是针对安卓卡顿这个硬伤问题，华为首次将安卓的文件底层进行了"换心脏手术"，大大增强了文件碎片处理效率，提升了流畅度。后来华为主动将该技术开放，并且被谷歌合入了最新安卓版本的叨选项里。

互动问题

1. 您用过鸿蒙操作系统吗？
2. 您如何评价华为鸿蒙操作系统所连接的超级终端？

本节金句

从源代码开放这个角度来看，鸿蒙操作系统现在不仅属于华为，也属于全世界的参与者与开发者们，大家可以基于鸿蒙，共同建设新的生态系统。

3.2.2　开放原子开源基金会

很多读者对国家开放原子开源基金还不是特别熟悉，在此先做一个简单介绍。开放原子开源基金会是致力于开源产业公益事业的非营利性独立法人机构，践行"一切为了开发者、一切为了全世界"的使命。它于 2020 年 6 月登记成立，"立足中国，面向世界"，是我国在开源领域的首个基金会，可以说是工业和信息产业力量里的"国家队"。

开放原子开源基金会管理开发经验丰富，并且已经聚集了中国各大科技企业，包括阿里巴巴、百度、华为、浪潮、360、腾讯、招商银行、美的、开鸿数字、立创软件、诚迈科技等。目前已经孵化了 XuperChain、INBase、

PIKA、TKEStack、UBML、TencentOS Tiny、Open nolis等各种体系及操作系统。XuperChain是百度捐赠的区块链开源系统；ZNBase是浪潮开源的云原生分布式数据库；PIKA是360 DBA和基础架构组联合开发的类Redis存储系统；TKEStack是腾讯开源的一款集强壮性和易用性于一身的企业级容器编排引擎；UBML建模开发体系是浪潮开源的面向企业软件的低代码开发平台核心基础；TencentOS Tiny是腾讯公司孵化的一款低功耗、低资源占用的物联网终端操作系统；OpenAnolis是龙蜥捐赠的操作系统。从这些体系和操作系统可以看出，"国家队"实力很强。

华为将倾力培育的鸿蒙系统的源代码捐赠给开放原子开源基金会，并向开放原子开源基金会捐赠鸿蒙文档、开发环境。开源的鸿蒙项目名为OpenHarmony，各个商业公司都可以应用OpenHarmony去形成自己的产品，并且获得收益。国家开放原子开源基金会则负责接口、标准等，帮助更好地实现各种能力之间的配合。

很多读者会问，在物联网领域，美国会不会也有操作系统？OpenHarmony有竞争优势强吗？幸运的是，近10年来一直没有看到这个操作系统。因此如果能够将OpenHarmony做起来，那中国就占有了先机。

由国家开放原子开源基金会牵头的OpenHarmony项目很早就在与欧洲的开源基金会进行接洽，希望能够促进和欧洲企业之间的合作，能够把全球的企业都吸纳进来，而不是只在国内闭门造车。

互动问题

1.您觉得现在中国开始建立开放原子开源基金会这样的科技型公益组织意味着什么？

2.您觉得华为把鸿蒙源代码开放给开放原子开源基金会，能否建立面向全球的新产业生态？

3.您觉得中国企业建立物联网时代的新产业生态，有哪些问题？应该如何应对？

本节金句

由国家开放原子开源基金会牵头的OpenHarmony项目很早就在与欧洲的开源基金会进行接洽,希望能够促进和欧洲企业之间的合作,能够把全球的企业都吸纳进来,而不是只在国内闭门造车。

3.2.3 开发者

回想当年受人尊敬的诺基亚在移动互联网初期,其操作系统塞班在技术上与安卓和iOS相当,但在应用生态上的开发远远落后于安卓和iOS。两家竞争对手的两种生态策略,充分吸纳了广大的开发者和最终消费者。后来的局面大家都知道了,赛班以一己之力去对抗两个生态中无数的参与者,完全败下阵来,消失在市场上。

华为终端在一开始做鸿蒙的时候,就充分意识到开发者的重要性。只有开发者热情参与,作为全球首款面向全场景的分布式操作系统才能打开局面,实现将人、设备、场景联系在一起的梦想。

鸿蒙在发展的路上得到了开发者的大力支持。我在对鸿蒙开发者情况进行了解的过程中,遇到了很多让我深受触动的事情。

去书城逛书店,去找找鸿蒙操作系统的介绍,我发现了非常畅销的一本清华大学出版社的《鸿蒙操作系统应用开发实践》,本来以为是华为官方出版的。翻开书看后,才发现作者们是最早的一批鸿蒙应用开发者,我笑称他们是鸿蒙开发者"元老"。"元老们"在2020年6月就投身于鸿蒙的相关工作,并且参与了包括2020年9月10日发布会上最早展示的鸿蒙Demo应用开发工作。他们对鸿蒙的应用开发知识进行梳理,希望能在鸿蒙系统到来之际为广大感兴趣的开发者提供一套较为系统且全面的鸿蒙开发讲解图书。这本书系统全面地讲解了鸿蒙操作系统下的应用开发所需基础知识,并提供了丰富的案例。翻看这本书时,深深地感受到这些真刀真枪上过战场的"元老们",对鸿蒙的厚爱，和对后继开发者的期待。

我在网上看到了很多鸿蒙教研老师的工作，其中上海杉达学院的祝老师让人印象特别深刻。她专注于 HarmonyOS 教研，通过在校内引入华为专业技术课程，并组织华为开发者社区项目，让学生更快地接触到新技术，提升学生专业能力。她在华为人才在线开设 HarmonyOS 专班，在教学过程中，祝老师每逢遇到问题就会和华为工程师一起讨论。在祝老师的影响下，越来越多的同学开始学习 HarmonyOS 智能终端操作系统并进行项目的开发。

从 2021 年 3 月起，武汉大学计算机学院新开设了一门名为"HarmonyOS 移动程序设计"的专选学分课，吸引了多名来自计算机科学技术、软件工程和信息管理学院相关专业的学生选修。该课程是华为与武大"产学合作协同育人项目"联合打造的全国首个 HarmonyOS 高校课程，标志着 HarmonyOS 开始融入高校专业课程体系，从基础教育开始培养中国软件领域的高水平人才。

2022 年年初，我回母校华中科技大学去看望导师，惊喜地了解到，华科计算机学院必修的操作系统课程已经开始全部改成鸿蒙操作系统课程，并纳入绩点考核。计算机学院在教学大纲、教学资源、教学设计等很多方面进行了创新，积极推动鸿蒙生态人才的建设。同时华科同济医学院参与华为 HarmonyOS 加持的运动健康产品的开发，成为大健康行业的别样开发者。

在 2022 年 12 月 30 日，首届鸿蒙生态人才建设峰会在武汉召开。截至 2022 年年底，鸿蒙生态人才共建已覆盖 208 所院校、超过 900 名高校老师。华中科技大学也被授予了"2022 鸿蒙生态人才建设灯塔奖"。

HarmonyOS 走进校园可以从基础教育开始吸引更多年轻人投入软件开发，为增强中国软件技术实力奠定基础。华为消费者业务软件部前总裁王成录说，"华为软件做操作系统，挑战不在于技术，而在生态"。建设生态，需要更多硬件合作伙伴和软件开发者的加入，更需要激励越来越多的年轻人带来新生力量。

目前全国已有十几所高校把 HarmonyOS 课程作为了选修课，华为还将推动超15款HarmonyOS课程走入高校，在华东、华北、西南等7个片区开展鸿蒙高校创新训练营等活动，吸引大学生等周边开发者加入进来，一起参与鸿蒙生态的构建。

华为信息与网络技术学院、鲲鹏实验中心、鸿蒙实验中心、欧拉实验中心陆续建成，华为新技术教师团队、技术研究中心陆续成立，以祝老师为代表，更多的老师把HarmonyOS、欧拉等国产技术的开发与应用嵌入传统课程中，带着同学和企业工程师一起进行项目开发，实现学校教学和行业市场的无缝对接。华为大学生创新中心，致力于华为技术的校园推广，整个学院形成了良好的产教融合的氛围。

润和软件是最早参与OpenHarmony筹建的单位之一，在2020年12月与其他六家单位共同发起成立了OpenHarmony工作委员会。自OpenHarmony启动初期，润和软件便推出了基于海思芯片的首批OpenHarmony硬件，并持续推出满天星系列、海王星系列、大禹系列等数十款开发版，给OpenHarmony主线代码演进提供了源源不断的硬件基础。在行业发行版领域，润和软件于2021年12月28日正式发布基于OpenHarmony的HiHopeOS操作系统，包括支持瘦设备的HiHopeOS IoT版本和支持富设备的HiHopeOS标准版，并已面向金融、教育、智慧城市等行业/领域推出商用软件发行版，实现多行业落地。根据OpenHarmony官网数据显示，润和软件OpenHarmony代码贡献量已超过百万行，位列所有厂商前列。在南向技术共建、北向行业使能、产业人才教培等方面，润和软件也都取得了丰硕的成果。

优博讯在2021年底加入了开放原子基金会并成为黄金捐赠人。同年，优博讯开始投入基于OpenHarmony项目的终端产品研发，促进OpenHarmony在硬件层面的普及和优化。目前，优博讯携手深开鸿共同完成了金融商用设备产品——优博讯云音箱Q1500的OpenHarmony兼容性测评，满足了金融终端国产化需求，全场景安全能力得到了提升，可实现敏感信息安全存储和可靠推送。优博讯率先推出的基于OpenHarmony操作系统AIDC终端开发板也已经通过OpenHarmony兼容性测评，并在OpenHarmony技术峰会重点展出。另外，优博讯利用OpenHarmony在分布式处理方面的优势，也将其应用到支付领域的POS机和手持PDA等设备当中，使得设备在性能上有了一定提升。

深开鸿自诞生之际便专注于做OpenHarmony的技术创新。截至目前，深开鸿在OpenHamrony社区开源项目代码贡献量已超过120万行，仅次于华为，有18款生态产品通过OpenHarmony兼容性测评。基于OpenHarmony，深开鸿不仅推出了KaihongOS，还有一系列开发版和智能开发套件，以及面向交通、金融、教育等垂直行业的软件发行版；在与行业伙伴的合作上，深开鸿与华为签订OpenHarmony生态使能合作协议，探索OpenHarmony发行版研发，与华为智慧公路军团签署伙伴战略合作协议，打造OpenHarmony公路行业软件发行版，共建智慧之路，并携手优博讯等厂商基于KaihongOS打造AIoT金融行业新生态、新模式。

互动问题

1.您如何看待高校开设关于鸿蒙操作系统的专业课？
2.如果您是一名基于鸿蒙的开发者，您对鸿蒙操作系统有什么建议？

本节金句

华为终端在一开始做鸿蒙的时候，就充分意识到开发者的重要性。只有开发者热情参与，作为全球首款面向全场景的分布式操作系统才能打开局面，实现将人、设备、场景联系在一起的梦想。

3.2.4 生态培育方法探求

关于产业生态的培育，中国很多产业都处于"大而不强"的局面，体量很大，但是战略控制点少。以芯片产业生态为例，包含芯片设计、晶片制作（晶圆制造、晶圆涂膜、晶圆光刻显影、蚀刻、离子注入）、芯片制造（晶圆片上不断累加图案，让图案纵向连接）、封装制作、成本测试等几个环节。如大家所知，缺乏对晶圆进行光刻的机器，是中国企业在芯片上被"卡脖子"的核心原因。

芯片产业生态的建设初期，大大小小的优秀企业相互协作一起成长，经过几十年的发展，逐渐形成了美国做设计，韩国、中国做制造，欧日美提供制造设备的全球产业链。这不是长板之间的协作，而是板子都很短的时候就开始相互协作，当各个环节都成了长板之后就有了控制力，各个角色之间的协作共同构成了生态的繁荣。不是单靠大量的资金和政策，就能在某个国家实现生态链的所有环节的。就像美国想靠回迁工厂来恢复制造业，费尽周折也没有多大成效。

而中国如果按照原来的技术和模式，在中国重新建立芯片产业生态也同样非常艰难。我们更应该思考新的技术和新的赛道，实现弯道超车。像20世纪布局芯片的领域一样，形成自己的产业生态，在关键节点上形成控制点，避免未来被"卡脖子"。

幸运的是我们正处在一个科技快速更替的时期，大数据、人工智能、物联网等新技术纷至沓来，国际竞争力将重新开始排序。

布局未来产业就需要企业和政府共同努力。中国有些企业倾向于各自为战，在内部建立完整的产业链，然后对外去竞争。但这种形态在未来的产业生态的逻辑下不可能存在。协作、共赢是主基调。如果能完善生态布局，各个环节都有长板形成，中国就会形成世界级的竞争力。

2021年7月，中共中央政治局召开会议，首次提出，要发展"专精特新"中小企业，这也意味着支持"专精特新"中小企业被上升至国家层面。这些企业之间若能产生长期深度的协作，非常有可能成为产业里的巨人。产业协作是生态建设的基础，需要寻找合适的产业生态合作方式。在协作中形成长板组合，可能比补足现在的短板更重要。

建生态要有大树，大树和大树之间要相互呼应，还要有草，形成一个完整的生态。生态体系最好建在有水的土地上，并且有充足的阳光，然后空气还要相对好，生态链上的生物相生相克，就会形成相互制约和相生相长的环境，那才能形成一个生生不息的系统。如果整个系统只剩下巨无霸，中间的小型生态不见了，生态也就无法持续。

华为是一个生态的推动和维护者，就必须考虑这些方面的因素，而不是只考虑自己的利益。谷歌把安卓平台提供给别人用，谷歌则主要靠在自己平台上做广告盈利，通过谷歌地图、Google Play 上开发者的 APP 销售提成实现自己的盈利，这是一种做法。

苹果做 iOS 只给自己的硬件用，并建立让开发者获利的应用商店，吸引足够多的人进来，把封闭生态做到足够大，并且有"杀手级"应用，用户体验达到惊艳和丰富多彩，最终实现完整的生态。这是另一种建生态的方法。

华为还在进行积极的探索，自有的鸿蒙操作系统应用于自己的硬件产品，类似苹果的生态；开源的鸿蒙系统捐给国家开放原子开源基金后，成为开源的操作系统，为所有的产业服务，类似于安卓生态。在物联网时代如何更好地用技术真正满足用户的需求，形成万物互联的优势，对用户的洞察和对场景的理解，是工作开展的前提。

管理好生态的持续发展，既要有产业生态的领导者，还需要有推动者和维护者；既要从技术角度出发，也需要从管理体系出发。生态的管理，既包括上下游赋能，也包括进入和退出机制、违规处罚机制等，有了大家的共同努力和协同，方能呈现良性发展的产业生态。

最重要的一点：之所以有更多的人和物愿意参与一个生态，是因为它是一个利益共享机制。开放的利益共享机制是根本。

华为终端被迫走向软硬件生态重构，万里长征刚刚开始。华为终端在过去四年，为了让自己活下去且有品质地活下去所做的探索，可作为其他被"卡脖子"的中国企业的参考。

互动问题

1. 您认为中国企业有可能培育出让全世界都参与进来的操作系统生态吗？
2. 您觉得我们的优势和劣势在哪儿？如何化解劣势？

> **本节金句**
>
> 之所以有更多的人和物愿意参与到一个生态,是因为它是一个利益共享机制。开放的利益共享机制是根本。

3.3 华为移动应用生态HMS

3.3.1 HMS为何而生

美国政府为了打压华为的终端业务,让谷歌断供了华为的谷歌移动服务GMS。谷歌暂停向华为提供软件及硬件产品的"非公开源码"更新资料,华为仅可继续使用"开源源码"的安卓系统及相关产品。这对一个一直秉承着开放型的生态公司而言,实属违背初心之举。

因为谷歌切断了华为的GMS服务供应,华为的终端业务,尤其是海外终端业务迫切需要找到替代方案。华为移动应用服务HMS(Huawei mobile service)应需而生,跑步上岗。

华为的移动应用服务HMS的开发与推广,在国内感觉不到什么,中国市场自行发展起来的地图服务比如高德地图,社交服务如微信、QQ,搜索如服务百度,翻译软件如有道,旅行服务如携程,等等,易用程度高,深受大众好评,完全替代了GMS的一些应用。中国市场的移动支付全球领先,也得益于自行开发的移动支付应用和支付网络。在视频领域由抖音等应用带领的风潮,也较国外更超前。但在海外,HMS的发展就非常重要,在忽然不让用GMS的情况下,智能手机一下回到解放前,退化成了功能手机。必须迅速建立一个全新的应用生态,来填补缺口。

在海外去重新做一个应用生态是一件很不可思议的事，因为从来没有人想过要在谷歌应用商店和苹果应用商店以外的市场去开发应用。对华为终端来讲，现在确实在海外活不下去，必须找到突破口。荒岛求生是艰难的、焦灼的、痛苦的。从这个意义上来说，HMS是为了华为终端的延续而生的。

在5G时代，万物互联是大趋势，所以应用市场的开发将迎来一个新的增长点，即对手机以外的智能终端应用的需求。我国政府的政策也赋予了面向物联网的应用生态的生长土壤。从这个意义上来说，HMS是为了我国万物互联的时代机会而生的。

历经长期的开发与市场的考验，据不完全统计，我国的开发者多达千万人。随着腾讯、字节跳动、阿里巴巴等互联网大企业的发展，中国应用开发的能力已经取得了全球的领先水平，具备了关键能力。从这个意义上来说，HMS是为了给我国的开发者提供更大的舞台而生的。

华为移动服务HMS为了华为终端的生存而生，为了我国万物互联的时代机会而生，也为了给我国开发者提供更大的舞台而生。

互动问题

您对我国的企业重新建设移动服务生态有信心吗？

本节金句

华为移动服务HMS为了华为终端的生存而生，为了我国万物互联的时代机会而生，也为了给我国开发者提供更大的舞台而生。

3.3.2　谷歌和苹果应用生态如何长成

谷歌移动服务生态（GMS）是安卓操作系统的发展动力。

GMS的内容

GMS由谷歌自研和外界开发者开发两部分组成。谷歌自研的应用包括谷歌浏览器、地图、视频、钱包、邮件、翻译、云服务、远程桌面等等。一整套GMS全家桶，随着安卓系统默认安装在使用安卓的智能设备上。

同时，GMS还为安卓提供了基础的服务框架，比如推送、服务接口、开发平台等，协助开发者在其搭建的服务生态中运转。逐渐地，安卓成为全球主流的移动系统，由于GMS的深度绑定，使得谷歌就成了全球范围内最大的受益者，安卓系统手机的用户在海外几乎无法脱离谷歌的GMS服务。

以自研的谷歌地图为例。2004年谷歌发现输入其搜索框的25％是地图搜索查询，而当时谷歌却没有地图。于是谷歌收购了在悉尼的4人团队和在加利福尼亚的keyhole公司。因谷歌地图给用户带来的便捷，刮起了地图和导航业务的热潮，它们成为很多公司重点发力的业务，也走进了全球用户。在2010年，谷歌地图的用户增长到10亿。苹果也将谷歌地图作为"杀手级"应用，预装进了iPhone。

谷歌地图服务衍生出了上市公司线上打车服务Uber、世界500强的商户点评网站Yelp等好多企业。在谷歌地图发展过程中，不断叠加的新应用街景和地面实况项目，不但让很多刚看到的人惊艳，而且还孕育出了后来谷歌的智能驾驶。

可以看到，谷歌追求的"杀手级"应用，让GSM拥有了极大的吸引力。而谷歌在开发过程中体现出的探索性和开创性是GSM能够引领全球的根本。

如何管理GMS

因为开放源代码，所以在GMS的操作系统里面，开发者需要按照规则去申报上线APP，在审核过程中，谷歌如果发现出现了不合规的地方，该APP就不能进入谷歌应用商店。应用获得的收入有70％归开发者，30％归谷歌。另外，GMS的推送系统，实际上也相当于谷歌的广告板块。应用的分成和广告的收入，成为谷歌商业收益的重要来源。

中国和海外的区别

安卓手机海外用户严重依赖 GMS，安卓手机上几乎都装了 Google 服务框架、GooglePlay 商店、GooglePlay 服务、Google 账户管理程序这四个套件。其中 GooglePlay 是下载各类 APP 应用的平台，安卓系统的用户可以从这里下载免费或者付费的游戏和软件。GooglePlay 服务是对 GooglePlay 提供技术支持的程序。Google 服务框架确保下载的 APP 可以正常使用。Google 账户管理程序用于保障在手机上顺畅地使用谷歌软件和玩游戏等。

在国内因为有各种各样的应用市场，手机厂家也基本都推出了自己的应用市场，所以用户大都不需要使用 GooglePlay 来下载 APP。也有厂商内置谷歌和自己研发的框架，在手机中发挥辅助作用。

如何拓展智能网联车领域

谷歌的智能车一直是只闻其声，不见其影，但安卓在车领域的拓展一刻没停。开放汽车联盟（Open Automotive Alliance）是由谷歌与通用汽车、本田、奥迪、现代和 NVIDIA 联合宣布共同成立的一个新组织，旨在将谷歌开源系统安卓应用于汽车领域。谷歌基于安卓开发的车载系统，截至目前已经更新到了 Android Automotive 13。以手机为中心的 Android Automotive 的优势在于手机上的数据和应用可以完全同步到车上。而不好的地方是不带手机什么都用不了，车成了手机的外设，而且对车的控制也有了限制。

苹果的移动应用服务生态

苹果应用程序商店，承载着苹果公司移动应用生态的建设和运营。跟 GSM 成功的核心一样，源于"杀手级"应用和因"杀手级"应用带来的行业更迭。

以听音乐的应用 iTunes 为例。最早，iTunes 是与 iPod 和 iPhone 捆绑在一起的。我曾因拥有一个外观小巧而极能装歌的 iPod 开心好久。后来，Ipod 从市场上消失了，但 iTunes 却随着 iPhone 的发展成为苹果收入的重要来源之一。

受其影响最深的当属唱片行业，原来的光碟迅速消亡，取而代之的是数字音乐；原来歌手发行歌曲，是以一组唱片为方式，后来改成了直接发行单曲；音乐制作和发行公司，也纷纷转向了数字化音乐。正因为有了iTunes，有了用户持续不断地购买和下载新的音乐，每一台iPhone用户都可能为苹果带来源源不断的收入。这个意外的发现，让原来偏硬件的苹果公司，更加重视软件的业务，并以此为基点，逐步发展成一个软件和硬件通吃的公司。

随着时间的推移，2022年苹果的营收结构发生了很大的变化，在车、VR等新业务暂时没看到进展的时候，服务业务成为超越Mac电脑和iPad收入总和的业务，仅次于iPhone。

2022年6月6日（周一）到10日（周五），在以线上的方式举办的苹果全球开发者大会（WWDC22）上，苹果CEO蒂姆·库克宣布，在苹果平台上的开发者已经达到了3400万。可以看出作为封闭系统的苹果，对发展全球开发者、发展应用市场产业生态的态度是非常开放的。

在WWDC 2022上，苹果也展示了很多有前景的应用，AR环境智能、健康管理是最受人期待的应用。

苹果也宣布了获得2022年苹果设计奖（Apple Design Awards）的应用和游戏。本届设计大奖与2021年一样，分兼容并蓄、乐趣横生、优越互动、社会影响、视觉图像、创新思维6个类别，每个类别选出一款APP和一款游戏进行表彰。

可以看到苹果给开发者提供了施展空间和创业机会，也给持续用户带来了新的体验。平台、开发者、用户已经形成了一个正相互配合的正循环生态体系。这些都给华为HMS的生态发展，提供了非常好的参考。

在智能汽车领域，苹果品牌的汽车也处于一直听到传说，但没有见到真身的阶段。但苹果的车载系统CarPlay通过跟一些车厂的合作，倒是已经见诸车端。如果用户的汽车配备了CarPlay，就能连接iPhone，并使用汽车的内置显示屏和控制键，或Siri免视功能与之互动。用户可以打电话、听音乐、收发信息、使用导航，也可以做开车窗、开关空调、调整座椅等控制。这对于没有智能座舱开发能力的车厂而言，是一种可以嫁接的，非常高效的智能化方式。但因为CarPlay是基于智能手机iPhone开发的，这就决定了使用起来必须具备两个前提条件：首先车厂必须让苹果调用底层控制能力和做共享数据；其次车用户必须用iPhone。

车载Carplay是苹果提供的车载应用，可以看出苹果通过将手机功能衍生的方法，在切入汽车领域，专门为司机和乘客提供安全可靠的联网体验。苹果表示美国绝大多数的新车都可以使用Carplay，79％的美国消费者表示自己会购买支持Carplay的汽车。你可能会说，人们为什么需要一辆跟手机打通的汽车呢？这主要是因为习惯，因为手机中保留了以往的历史数据，把手机使用的应用和数据无缝衔接到车里，当然比重新使用一套陌生的软件系统要方便得多。新一代的CarPlay还整合了汽车的硬件，比如适配不同车型的屏幕，跟车里的音响、空调、仪表盘打通，未来还会跟主流品牌的车型合作，更核心的传感器也将整合进去。作为智能驾驶的解决方案提供商，苹果很好地展现了自己的优势，并传递了进入该领域的信心，打算通过人车交互，以软件定义汽车的话语权。

相信随着CarPlay系统的完善，苹果自有品牌的汽车也将撕开面纱走向市场。

不论是谷歌，还是苹果，最终都通过开放地和开发者合作与分享利益而形成了强大的生态。

互动问题

您是谷歌和苹果的用户吗？您喜欢它们的哪些应用？

本节金句

不论是谷歌，还是苹果，最终都通过开放地与开发者合作和分享利益而形成了强大的生态。

3.3.3 HMS要如何成长

根据华为发布的年度报告数据，如今HMS生态系统已经汇集了全球超过510万开发者注册，全球用户超过7.3亿，华为账号月活跃用户超过4亿，华为HMS已成为全球第三大移动应用生态。

为什么华为可以用不到四年的时间，走完老大哥走了18年的路呢？关键之一在于其开放性和支持多终端形态的特性。全新发布的HMS Core 6拥有多类终端部署、跨系统平台、全场景应用的新特性，它不止可以在智能手机中实现落地，在智能手表、家电乃至汽车当中都可以实现赋能。与此同时，HMS Core 6也做到了系统平台间的全打通，无论是OpenHarmony、Windows，还是iOS，开发者与用户都能享受到HMS生态的助力。

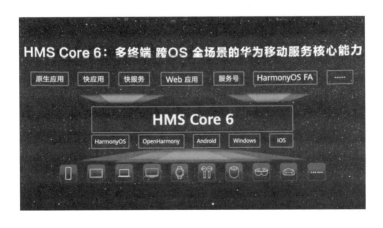

这对于目前全球510万开发者、7.3亿终端用户而言，无疑是重大利好。因为这将使得开发者在减轻应用开发工作量的同时，将HMS生态延伸到更多的应用领域。快捷、高效的应用体验，将不再只局限于你的手机，而是扩展到你身边接触的每一个智能硬件当中。

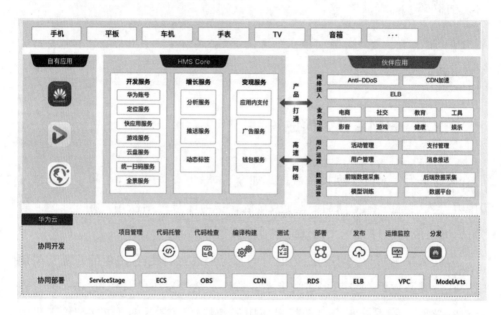

云服务总裁、华为云CEO张平安表示，未来的数字世界是一个生态的世界，全场景智慧时代需要更多的创新，每一位开发者就是创新力量的源泉。华为希望汇聚全球开发者，开放更多能力与服务，让开发更简单，让创新更高效，与开发者共建共享共赢HMS新生态。

可以看出，一个应用市场的成功，优秀的应用是关键，但同时也受时机、开发者支持、各国政策的影响。

华为为全球开发者提供一站式高效运营支持服务AppGallery Connect，提供覆盖"创意—开发—分发—运营—分析"全生命周期服务，同时HMS开放支付、广告、浏览、地图、搜索等五大根服务，支持快应用分发，助力开发者专注应用创新。

HMS向开发者开放支付引擎，支撑应用构建付费收入模式，助力开发者实现商业成功；向开发者开放华为Ads引擎，为全球开发者提供更高品质的流量变现服务，助力开发者收入倍增。

正是由于HMS支持多形态终端设备、向开发者提供方便的开发工具包、帮助开发者方便地实现商业成功，华为HMS迅速地吸引了超过540万开发者。

华为终端云服务联合"新青年"推出视频节目《我们的十年·生活因你而精彩》，讲述华为移动服务HMS开发者的故事。

从大山中走出来的瞿章才，以传播中国传统文化为己任，倾力打造了"西窗烛"APP，建立了诗词与用户、传统与现代、价值与传承间的沟通桥梁，让不同年龄、不同行业的用户感受诗词之美。

从广告行业转身成为独立开发者的曹舒旻，洞察了当代人写日记的诸多难点痛点，打造了"格志日记"APP。它通过引导性提问，陪伴并帮助用户整理每日生活，记录当日工作，以日记为切入点深耕个人成长领域，助力新青年走上自我实现之路。

开发者高龙推出的"念念手帐"APP，以可爱轻松的手绘游戏风格和实用的手账图文拼贴功能为特点，用更有趣的形式记录日常，传递温暖。

"白描"APP设计的初衷，是软件工程师陶新乐决定为女友小白做一款文字识别工具，然而随着文件扫描、表格识别、批量识别翻译等功能的日益完善，"白描"APP找到了更大的意义：帮助1000多万视障人士，为他们提供一个"看"清世界的窗口。

青年开发者李神龙从自己曾获得的关爱中受到启发，开发了"心岛日记"APP。从情绪自愈与情绪互助两大维度，为用户提供一个情绪"树洞"，让温暖在人与人间流转，让烦恼得以治愈。

95后周莹通过"CoStudy"在线上复制了沉浸式自习场景，让学习更有氛围和动力，聚集每一个正在努力的人，彼此鼓励，让他们的努力被看见、被记录，让一个人的挑灯夜读成为一群人的向上奋斗。

HMS的开发者们用自己的智慧创造着更美好的生活和未来。HMS将会与这些年轻的开发者们一道，提供更多、更优的面向未来的应用和服务。

互动问题

1.您如果是一名开发者，请您谈谈对华为移动应用HMS发展情况的看法。
2.如果您是HMS的开发者，请您谈谈华为HMS的优势和待改进点。

本节金句

HMS的开发者们用自己的智慧创造着更美好的生活和未来。HMS将会与这些年轻的开发者们一道，提供更多、更优的面向未来的应用和服务。

3.4　华为智慧全场景生态

在5G时代，因为高带宽、低时延，人与物、物与物的连接将呈现爆发式的增长。除了手机，所有的终端都可以成为节点。华为终端围绕生活场景，打造智慧化的用户体验，推出了智慧出行、智慧办公、运动健康、影音娱乐、智能家居五大类全场景智慧生活解决方案，并不断优化其体验。作为一家做手机出身的公司，显然不能靠自己完成所有的场景的产品提供。这个时候华为智慧全场景生态就应运而生。从我的角度来看，华为智选已经跨越了产品品牌，成为以"品牌共生、流量共享、体验顺畅"为原则的物联网合作生态品牌。

基于鸿蒙操作系统的华为智家居生态，是华为把鸿蒙的能力共享出来，建一个有效的商业模式，让大家有这样一个平台去做自己的事，让生态合作伙伴各自有机会去获得收益。从某种意义上来说，华为智能家居生态是在硬件层面有效闭环，从而促使可持续发展的自主开源操作系统。

物联网市场是一个海量级的新增市场，美国主导的产业暂时没有覆盖到此。如果能基于自身所有的核心技术优势，站在一个新的行业全球大局的基准线上，通过持续优化形成竞争力，将诞生各个环节的领导者，形成新的控制点和市场秩序。

2022年7月27日，华为终端发布了HarmonyOS 3.0，对智慧全场景充分进行展示。这次的发布会一改以往，直接切换到办公、影音娱乐、运动健康和出行场景中，尽力去打造切身的体会。我在看发布会的时候，头脑里闪出了一个念头：下次发布会可以直接用鸿蒙全场景的产品拍一段生活场景剧。

有了鸿蒙全场景产品的生活，想想都挺美好的，家务变得轻松，家人交流更充分，各自做自己的事情，还互不干扰。

以下将逐个展现五个场景的生态内容和发展情况。

3.4.1 智慧出行

智慧出行是华为集团旗下的智慧交通服务模式，包括智能出行运营平台、共享出行服务、城市智慧出行系统、智能出行安全管理、智能网联车。华为终端在智慧出行领域，聚焦于提供跟终端设备和服务相关的业务，而现阶段以智能网联车为最重点的业务。

智能网联车行业

最早出现的汽车是法国人居纽发明的，用锅炉里蒸汽推动，汽车的名字由此而来；后来德国人戴姆勒研制了使用汽油的内燃机汽车，汽车的名字顺其自然地沿用；而现在随着电动车的发明和普及，汽车的名字其实已经名不副实了，从能源的角度，现在应该叫电车，当然未来随着各种新能源的使用，对于车这种交通工具的称呼可能也会随之变化。华为终端用"智能网联车"来描述和定义自己的业务，凸显了战略的长远和业务空间的广阔。

当汽车出来的时候，马车整个的生态系统，包括驯马场、马车配件、马车夫等全部都被替代掉了。新物种智能网联车上市后，同样会带来整个生态系统的变化，它与汽车在性能和卖点上有所不同，与汽车的商业模式也不一样。以前的汽车尽可能地把价值20万元的车溢价到30万元卖给消费者，消费者交完钱，拿到车时，交易结束；而今后的智能网联车则有可能会把价值20万元的车降价至18万元卖给你，因为操作系统所承载的音乐、听书、通信、视频会议、卡拉OK等增值服务都能成为收入来源，买智能网联车的消费者将有持续的购买过程。把车跟手机一样都当作一个用户端，这就会产生一个新的生态物种，给原来的行业带来颠覆。

当很多国家还在质疑其安全性时，实干派们敏锐的嗅觉让他们看到了广阔的市场空间，尤其是中美两国都在积极探索和快速行动，希望能够抓住这个产业的机会，给全球市场带来自己的产品和解决方案。在智能网联应用领域苹果公司发布了Carplay，百度推出了Carlife，华为则推出了Hicar；整车领域美国的特斯拉，中国的比亚迪、理想、蔚来等车企发展迅速。

华为为何切入，从何种定位切入

传统的汽车行业经过百年的发展，已经形成了一个成熟而封闭的体系，其供应链复杂而厚重，底盘、发动机是最核心的技术。而智能网联车领域，四电（电池、电机、电控、电源）、自动驾驶、智能座舱是最核心的技术。

智能网联车领域最核心的技术，有很多正好是华为具备且具有独特优势的技术。

四电：高速游览的电机，走向了高压碳化硅、化合物半导体，这是华为擅长的地方，华为的电控和电源管理方面属于领先的水平。

自动驾驶：毫米波雷达是自动驾驶的基础能力，华为在做光网络的时候就开始积累，技术处于世界领先水平。自动驾驶需要人工智能处理器、算法、算力、AI训练，这方面更是华为擅长的。人机交互、生态的联通是鸿蒙生态具有明显优势的地方。

智能座舱：华为的智能座舱是基于华为鸿蒙系统，该操作系统生来就是面向物联网的各种终端产品的,包括智能网联车、智能手机、笔记本电脑等。因为不同设备互联之间有了统一的语言,可以融合成一个"超级终端",实现服务的跨设备无缝流转。比如副驾驶收到了朋友微信发来的聚餐地点,点开了导航,确认好最快的行进路线,轻轻碰了一下中控屏下方。这时主驾驶很清晰地在中控屏上看到了路线,前方的抬头显示设备已经提示前方五十米右转。下车后,车载导航还将自动流转回副驾驶的手机,大家一起步行导航到就餐地点。

正是有了这些能力,华为终端有信心切入智能网联车领域。在众所周知的打压和生存压力下,华为终端加强了切入的决心,加快了切入的速度。

作为一个打过全球化大仗、与诸多世界一流企业过过招,跨越ICT产业发展生命周期多个阶段、具备了智能网联车领域核心技术的企业,华为进入智能网联车领域的那一刻起,就有着长远而开阔的眼光,其切入产业的方式,必定会基于自己的优势,给整个产业带来有华为特色的解决方案。

华为终端战略明确指出智能网联车的战略为:致力于把30多年ICT能力与整个智能网联车行业深度融合,帮助产业向智能化转型,帮助车企上好车、卖好车。开放华为的智能驾驶、鸿蒙智能座舱、标准零部件能力供给,共同推动智能网联车行业的发展。

华为的三种车企合作模式

在智能网联车领域,华为确立了开放式的战略,通过平台加生态的方式加入了这个巨大的市场。华为终端有三种和企业的合作模式,经过这两年多的发展,已经与300多家企业建立了合作关系。三种模式简述如下。

模式A:标准化的零部件模式

华为早在2015年就拿到奥迪、奔驰的通信模块订单,迈入车联网供应商队伍,随后把车联网模块卖到了全球主要的车厂。如今华为的标准零部件的种类越来越丰富,且具有极强的性能优势。以下列举两个重要的例子。

智能交通中,雷达是重要的感知单元,需要全天候地感知交通流量。而华为终端研发的交通雷达ASN8000，成功实现1000米10车道双向的盲区覆，融合感知引擎SN800则可以实现全天候连续轨迹。两个工具的组合可以实现超远距离的感知，达到95%的精度，从而实现对交通事故、障碍物、拥堵等路况的识别，让驾驶员可以提前选择路线和确保安全驾驶。

AR-HUD是智能驾驶中AR（增强现实 Augmented Reality）技术与HUD（Head of display）抬头显示技术的结合，将虚拟的导航信息与现实的路况信息结合，投影到前挡风玻璃上，从而将提醒转向、盲区监测等内容显示出来，提升驾驶的安全性。对于距离感差，看着导航还会错过高速出口的司机和停车经常因为视觉盲区而擦碰的司机简直是一大福音。

模式B：Huawei Inside模式（简称HI模式）

HI模式就是在硬件的基础上叠加了智能的软件服务，更全面地渗透到车的开发和售后中。自动驾驶和智能座舱是整个智能化的核心，华为提供智能座舱的解决方案和持续的OTA升级，提供智能驾驶的方案和云端运营。华为HI模式有三款汽车产品：跟北汽新能源联合推出的极狐阿尔法；跟长安汽车合作推出的阿维塔；跟广汽埃安将开发一款更大尺寸的大型SUV。

模式C：智选车模式

智选车模式在HI模式基础上，叠加华为终端to C领域的能力，包括产品定义、产品设计与体验、品牌、渠道、零售、营销等，帮助车企卖车。智选车模式产品是跟赛力斯联合推出的问界。

智选车模式的发展情况

作为最令人关注的智选车模式，华为和重庆小康集团赛力斯合作。这家民企的学习能力很强，作风也很拼，跟早期的华为特别像。跟赛力斯合作的三款车SF5、M5、M7迅速爬坡，呈现了良好的涨势，成为智能网联车的黑马。

经过一轮一轮车企沟通后，华为最终选择了与正在转型中的小康股份合作，小康在2022年7月31日更名为"赛力斯"，其董事长张兴海是个高人，有着极强的魄力和敏锐的市场嗅觉。华为与赛力斯合作的第一款车型叫赛力斯SF5，赛力斯在重庆的工厂给SF5安排了一条专门的生产线。中间经历了汽车芯片短缺、供应链体系磨合等问题，最终销量尚可，虽然离预期有差距，但来华为的旗舰店、授权体验店看车的用户很多。

说了很多技术、概念、模式后，我们说点更贴近用户的内容。作为科技爱好者，我对M7做了比较全面的了解和体验，在此将我家关于M7的购买过程、使用体验和建议进行分享。

M7的生产过程

跟华为智慧出行业务的老同事聊天时，他告诉我，一款表现好的车型必须经过反复打磨、无数道工序，历经千锤百炼才能达到性能的最佳状态，其中蕴含着太多物理学、数学、化学的知识。他曾随测试团队，在零下二三十度参与在五大连池三个月的冬测；然后在50度的时候，去新疆的沙漠做夏测；汽车在各种的温度下出现的问题都会被记录下来，并一一去改进。五大连池是他生平去过最偏远的地方，坐的是小飞机ARJ21。讲起在极端环境下工作，他丝毫没有谈及艰险和困难，反而是满脸的兴奋，眼里闪着光。看得出他对问界M7的全心投入和热爱，也可以体会到华为和赛力斯团队在设计制造M7时的全情投入的状态。

M7的购买决策过程

因为使用成本、车牌的易获得性、价格等因素，电车在深圳以非常快的速度普及开来。我的先生是一个"汽车控"，开过十来款不同品牌的车，他也准备买一辆电车试试。经过试驾和技术、品牌、服务等多方面的比较，他最终在兔年春节前，在华为的体验店买了一辆问界M7。被问及为什么要选M7时，先生回答，有几个方面原因：

1. 买个华为的产品，华为出身的太太会比较高兴。

2. 春节回家开M7，太太和孩子可以躺平休息。

3. 在硬件方面，跟传统大牌车比底盘、工艺等估计比不过，但M7在电机、电控、雷达等方面很有优势。

4. 在软件方面，鸿蒙智能座舱的体验业界领先，汽车和手机互动做得好，而且今后会持续升级。

5. 网上有人说M7在1/4偏置碰撞中A柱断了，然而我去看了中保研碰撞视频，发现仅仅是弯了，报告显示测试结果是"良"，跟丰田、宝马、奥迪、理想等是一个级别。

综合考虑以上原因，他认为问界M7属于各方面能力都还不错的综合型选手，符合自己内敛的风格，能满足自己的和家人的需求，果断下单。

2022年1月12日特斯拉降价4万元之后，问界M7也降价3万元。个人认为这个降价的体验不怎么好，对已购和将购问界的车主来说，不太会在乎这三万块钱，他们反而不喜欢车没上市多久就降价，会造成品牌不保值的印象。当然华为还算是很厚道的，给老用户赠送了3万公里的维修维护费，还有11.2万的积分，对于我这种用户来说算是很实用的。

M7车评

我们在2022年春节下单，两周后提到车，全家人开着新买的问界M7回福建老家过年。作为问界M7的乘坐和驾驶人员，在此对M7做个反馈，希望能帮助问界越做越好。

从欧洲大品牌油车切换到问界M7，上手的第一感觉是，方向盘很轻盈，操控感好。前后共6个车外摄像头、12个超声波雷达、3个毫米波雷达，可以实现360度全景影像和监测，驾驭这款长达5米多的SUV也不担心会擦碰了。将道路和驾驶信息显示在挡风玻璃上的抬头显示HUD，让你不用低头和转头就能掌握最新的提示信息。在高速路上，L2＋级别的智能驾驶辅助功能挺实用的，驾驶员可以放心地把双手从方向盘上移开，拧开矿泉水瓶盖喝水。180度底盘透视，让我这种倒车入库时经常会撞到车位后面挡轮杆的人，可以非常精准妥帖地停好车。

4秒级百公里加速，真的太快了，第一次上手有点反应不过来，但开了一段路之后，不适应感就转化成了满满的力量感。

鸿蒙智能座舱不愧为天花板，没有让人失望。通过语音跟小艺互动，可以实现空调开关、车窗升降、座椅加热、音乐声量等的控制，对于驾驶员来说在行驶中做车内硬件的调整再也不用担心安全问题，对于乘客来说，可以轻松实现自己想要的舒适。鸿蒙智能座舱很多的应用是华为手机的原班人马开发的，所以跟华为手机和平板很相像，学习成本比较低，你可以理解为中控屏就是一台华为的平板电脑。

零重力座椅是真的舒服，小憩一下的感觉比肩飞机的商务舱，对于喜欢旅途休息的乘客来说，真是一大享受。开长途，两个人换着开，休息的人可以到零重力座椅加热按摩，舒舒服服地小憩一会儿，整个行程疲惫感荡然无存。在如此众多的汽车品牌中，作为新进入者，M7需要找到自己的定位，平躺在零重力座椅上的我，头脑中冒出一句："开宝马、坐奔驰、看奥迪，躺着就选问界M7。"

续航是电车客户的一大关注点。凭借着可电可油的设计，问界M7跑市内，隔几天晚上睡觉时充上电就好，省钱又省心；跑长途1000多公里不用加油加电，直奔目的地而去，全程没有续航焦虑。另外全车配了4个TYPE-C充电口，最高可达66W快充，同时在驾驶位右手边还设置了两个无线充电位，充电效率可以达到一个小时充满60%以上，而且不会发热。

自动驾驶功能还是有一定的作用的。比如说在驾驶的过程中，你觉得需要拧开矿泉水瓶盖喝水或者剥橘子吃，这时可以调到自动驾驶的模式，解放双手后，完成这些动作就没有一点压力了。

主驾座椅的智能识别功能很赞，感知到驾驶员上车后，会自动往后退方便驾驶员进入车内。接着按照人脸识别出的身份，根据记忆自动调节座椅，包括远近高低和靠背的角度，免去了手工调节的麻烦。

说了很多好的感受，下面再提一些希望能改进的地方。

智能驾驶的一些深度的功能还需要打磨。比如也不知道基于什么判断，"路况提醒"的功能在安全路段触发小艺，反复提醒"请注意前方路况"。

使用华为畅连打电话可调用车内外两个摄像头，但声音太大，需要调试。

自动泊车功能对很多驾驶来说简直是救星，但对狭窄停车场而言，智能度还需要进一步完善。

在家庭出行的场景中，老人和孩子通常需要用到大一些的保温杯或者加热杯，需要设计放置大保温杯的水杯架，现在的水杯架都比较小。

在第三排放倒的情况下，后备厢容量虽然有688L，但对于春节回老家的人而言，还是显得容量不够。

个人对华为智能网联车业务发展的粗浅思考：

华为与车企的合作刚刚开始，作为面向消费者的产品，真正的角逐点还是如何赢得消费者，如何去对智能网联车的场景做深刻的洞察和重新定义。如果消费者还是把车当作一个从A点到B点的交通工具，那么整个智能网联车的发展空间会很有限，因为在行车途中，安全第一，但是如果车的使用场景变了，对功能的需求也就变了。如果大的房车可以提供洗浴、唱歌、按摩、睡觉的场所，拥有移动行走、无人驾驶等功能，那有些人就不需要房子了。

看到它的可能的运用场景，就很容易看到其带来的革新。正如约翰·惠勒提出的"It from bit"，万物源于比特，万事万物皆比特。未来万事万物都会转化成信息流，而信息系统的优化方向一定会围绕着人的体验去延伸。

随着智能驾驶的日渐普及，可以预想车作为家、办公室以外最长待的第三空间，会有更多的用途被开发出来。就像飞机和火车上的商务舱或头等舱，人们在这里观影、阅读、办公、思考、吃饭、喝咖啡、睡觉；也可能会是走向户外生活的工具，开车去草坪音乐会、户外啤酒派对、露天电影放映、家庭聚会连线远方亲人。这些场景是在从A点到B点后，在目的地对车这个工具进行使用。此时，音乐、视频等功能就会被启用。同样硬件也可以开发真正用得上的功能，比如车内可以开发小憩的条件，空调的静音和睡眠模式、座椅的打平模式、天幕和车窗的遮阳模式、音乐的催眠模式；比如给户外移动冰箱、开水壶的供电接口。如何让这些场景和需求更好地被满足，也将成为智能网联车的努力方向。

通过不同的模式，跟更多的车企一道合作，共同推动汽车的智能驾驶时代的到来，这盘棋一下子变大了，或者说所处的层次一下子升维了。从单独企业向消费者提供产品的模式，升级到利用自己的核心能力与更多企业一起合作，为更多人服务，原来的制造商，一下变成了标准制定者和生态构建者。

互动问题

1.您下一次购买车的时候，会选择购买一辆智能网联车吗？
2.您觉得中国会成为智能网联车产业的领头羊吗？
3.您会优先购买搭载华为智能驾驶、鸿蒙智慧座舱等功能的智能网联车吗？

本节金句

当汽车出来的时候，马车整个的生态系统，包括驯马场、马车配件、马车夫等全部都被替代掉了。新物种智能网联车上市后，同样会带来整个生态系统的变化，它与汽车在性能和卖点上有所不同，与汽车的商业模式也不一样。

3.4.2 智慧办公

办公场景的痛点洞察

随着现代化办公设施、通信设施、交通工具的普及,不得不说相较于纸笔、算盘、计算器时代,人类的效率大大提升了。

然而我们又面临了很多新问题。对于上班一族,导航显示的上下班路上的深红色拥堵让人大感疲惫,这种疲于奔命之感叫作通勤之疲;日程表上显示今天又有五个会,刚正襟危坐两个小时,被布置了个很难完成的大任务,又被叫到了另外一个会议室,这种累叫作开会之累;为了见客户一面,漂洋过海飞到地球对面,顾不上倒时差的痛苦就赶到了对方办公室,结果只聊了半个小时,这种苦叫作出差之苦……

我们就其中的通勤问题来看看全球的数据。英国《每日电讯报》称,英格兰中部38%的上班族每日通勤时间长达120分钟;在莫斯科,通勤时间达到180分钟的上班族的比例达到40%;在澳大利亚,17%的上班族的通勤时间达到90分钟。而在我们的北京和上海,极端通勤平均时间超过每天一个半小时,其中不乏双城生活的上班族,即网传的"睡在燕郊,梦在北京"一族。通勤、会议、出差等痛点,影响了整个社会的生产效率和生活幸福指数。

华为终端进入智慧办公领域,在很多人看来是被美国打压,手机业务受影响之后的无奈之举,但其实还有两个重要的原因促使华为终端进入,即看到市场未被解决的痛点和华为军团化改革后需要的大量to B终端的需求。

解决上述办公的"疲、累、痛"是一个系统工作,涉及城市规划、高昂的房价和租金、交通网络、技术等问题。华为终端希望在技术领域能够给出一些新的解决方案,有效帮助问题解决。

经过深入的分析,我们发现在技术领域,随着互联网的普及和众多数码产品的出现,虽然一些初级的办公活动已经能够被设备所取代,设备与设备的初级连接在一定程度上提升了人们的办公效率,但是一些复杂思维与灵活沟通仍然是不可取代的,而且多设备间多样的系统、多种连接方式、不同的数据格式、不一致的交互体验往往造成无谓的时间和精力消耗,人类依然被"办公不自由"所困。

华为终端"设备协同、生态融合"智慧办公解决方案

面对"办公不自由"的困局,华为智慧办公致力于将计算终端、输入输出设备等硬件,与应用、系统、云等有机地联合在一起,打造设备相互协同,生态相互融合,数据无缝流转的智慧办公体验,并以此为理念,提出在办公场景激发创造能力、提升沟通效率的愿景。用连接消除办公不自由,书写智慧办公新篇章。

设备协同和生态融合是华为智慧办公解决方案的两大方向。让设备的连接与操作实现协同,让系统与应用的生态实现融合,做到体验一致,才能让人从复杂的操作和低效的学习中解放出来,从而释放创造力。

设备协同

2018年华为推出一碰传技术,通过非常直接便捷的交互方式,实现了手机与PC的文件快速传输,让PC与手机之间初步具备设备协同能力。

现在华为推出的多屏协同技术,则旨在实现手机、PC、平板电脑和电视或者投影等多种显示设备之间的跨屏操作和文件分享。华为手机和电脑多屏协同连接后,手机会显示在电脑桌面上,电脑上可以开三个应用同时运行。当手机来电话时可以在电脑端点击接通,可使用电脑的摄像头实时视频通话。于是,异地项目团队出差开会的场景变成了这样:所有相关同事在自己的电脑前,一边看同事共享的材料一边做笔记,同时开着视频或者语音和同事讨论问题。原来需要当面才能做的沟通,现在自己在办公桌前轻轻松松就搞定了。

除了实现显示协同,还可以实现操作协同。华为平板电脑、手机和笔记本连接可进行文字拖拽和文件、图片的拖拽复制。连接成功后使用电脑鼠标选择并长按需要拖拽的文字就可以拖拽到手机、平板电脑或笔记本电脑上。使用鼠标选中并长按需要拖拽的文件或图片拖拽到手机、平板电脑或笔记本电脑上释放,就可以复制文件到协同的设备。

在内容创作时,手机上的图文等多格式信息,通过长按拖拽,可批量暂存至超级中转站,取用时统一拖拽粘贴,实现图文自动混排。跨设备调用时,批量文件也能一键转送到电脑上,无须烦琐传输,工作协同更高效。

在绘画创作时,电脑中的图文、视频素材,可批量中转至平板电脑,方便快速取用、剪辑,操作更便捷顺手。会议中随手在智慧屏上画下草图,拖进电脑精修，完成后再拖入平板中即可演示。平板或电脑里储存的海量素材，随心一点，一搜即达，立马成为画面的一部分。

华为最新发布的十余款新品，一体机、笔记本电脑、打印机、平板电脑、显示器、键盘、鼠标，甚至耳机、音箱等更多设备也都实现了连接与协同。华为真正做到打破设备之间的隔阂，让多设备形成合力，实现信息自由流转。

生态融合

生态融合是华为智慧办公场景的另一个差异化解决方案。PC的应用生态以办公场景偏多，而手机应用生态则包含沟通、拍摄、娱乐、购物等多个领域。对于办公者而言，常常需要同时调用两边的应用，在不同设备间频繁切换。华为努力打造的融合的生态就可以化解这个痛苦。

华为MateBook 13s、MateBook 14s等产品可以沿用华为分享、华为应用市场、华为浏览器、华为云空间等功能，还推出了华为移动应用引擎。华为精选了若干主流移动APP，进行了多重测试、定制调优，并将其与华为应用市场整合，让海量优质移动APP可以通过华为应用市场轻松下载到笔记本和PC端。结合深入底层的桌面级移动APP交互体验，PC生态与移动APP生态可实现一体化。

华为通过"设备协同，生态融合"的差异化智慧办公解决方案，希望能够进一步靠近人们的小梦想，实现自由创造、无界沟通的办公状态。

互动问题

1. 您认为您现在的办公方式够智慧吗?
2. 您觉得现场办公和线上办公各有哪些利弊?线上办公有哪些不方便之处需要解决?
3. 您觉得如何在减少通勤、差旅的情况下,提高办公效率?

本节金句

让设备的连接与操作实现协同,让系统与应用的生态实现融合,做到体验一致,才能让人从复杂的操作和低效的学习中解放出来,从而释放创造力。

3.4.3 运动健康

现代社会,呼吸健康、心脏病、高血糖、高血压、高血脂等问题变得高发,年轻人的身体健康问题也变得非常突出。为了有更好的身体状态,人们对身体健康的监测与管理方式已经发生了很多的变化。原来是身体出了问题才去医院体检,或者公司安排员工每年做例行体检。随着智能化设备的发展,运动、医疗领域正在以开放的态度拥抱数字技术。智能手表这类产品的推出,天然就和运动、健康有着紧密的联系。如何让智能化设备实时地对身体状态进行跟踪、随时调取身体异常的数据和报告,成了智能健康设备公司努力的方向。

华为一直将运动健康作为消费者业务全场景战略的重要一环,围绕运动、饮食、睡眠、生理、心理这五大影响健康的最主要因素,以用户为中心,全面投入,构建运动健康全场景解决方案。其中软件和硬件是华为运动健康领域的两个支柱,缺一不可。

早在2015年,华为开始探索运动健康领域,并且创立了华为TruSeen™,也就是华为研究健康数据监测的技术IP,这是华为打造运动健康数字化的技术平台的基础。健康领域是个专业性很强的领域,华为联合了70多家知名医疗机构和国家三甲医院专家合作,让他们来专业地解读心电图、心脏健康、血管健康、睡眠健康和呼吸健康。华为的心电图技术获得国家的二类医疗器械的注册证。

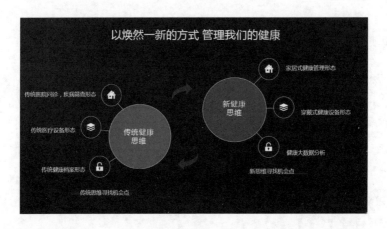

2021年12月23日,华为发布了首款带有血压监测功能的智能手表,通过叠加微型气泵、气囊等结构,将血压测量技术融入手表;内置高分子抗拉材质表带,人因工程弧形气囊,搭配蝴蝶扣,加压过程稳定,提升血压测量精准性。这块智能手表还通过了四川大学华西医院、301医院、中山大学附属第一医院等多家专业机构的临床验证,获得了药品监督管理局二类医疗器械注册证和市场监督管理局计量器具型式批准证书。

2022年4月28日推出华为WATCH GT 3 Pro智能手表。陶瓷机身相当惊艳,同时健康管理方面可实现ECG心电采集分析,可筛查动脉硬化风险,还

支持心率、血氧、体温、科学睡眠、压力、女性生理周期等全方位健康管理。另外，还增加了自由潜水和高尔夫球场两大运动模式，搭载了国内328家球场全景球道视图，提供了完整的球道、果岭和障碍区分布的视图，还支持赛后数据分析和击球轨迹分析。

华为的运动健康APP是华为终端开发的运动辅助软件，消费者通过佩戴华为穿戴设备，监测身体数据变化，可实现科学的运动监测和健康管理，并提供专业的数据和丰富的活动体验。

华为运动健康APP实用和有趣的应用很多。近期我常用的减肥功能就非常棒，在此跟大家分享使用过程和心得。

首先，制定智能减脂计划、体重管理和饮食目标。每周报进行效果分析。

其次，做膳食分析。输入每餐食物信息，就可以计算出卡路里数据，还能获得三餐热量分析，三大营养素（蛋白质、脂肪、碳水华合物）配比分析。

再次，随时记录健康数据，华为运动健康将多维度记录心率、睡眠、体重、压力等健康指标，跟踪健康状况，提供科学的评估及改善建议。

最后，特别推荐AI跳绳功能，打开AI跳绳功能，设置目标后，通过手机摄像头，智能识别跳绳动作并智能分析，可轻松了解达成量和运动效果。

通过这些方法，减肥过程和效果都堪称完美，爱美的姐妹们可以一起试着用起来。

很多的公司在做产品设计的时候，只是做一次单纯的交付，华为运动健康APP则非常重视用户体验和用户数据沉淀，有了这部分的数据积累，用户会继续坚持使用华为运动健康APP，因为这也是他们整个锻炼的记忆载体。

我所在的华科校友跑步群里，大家每次跑完步都会晒一下跑步记录，华为运动健康APP的跑步成绩单做成了美美的海报样子，配上跑者的头像和运动数据，跑友们很乐意分享到了群里。

跑步圈子还有一个现象是，大家都很关注运动装备。今天穿了双新鞋跑步速度提升时，群里会马上要求分享购买链接。领队在发起群跑的时候，为了安全起见，都会叮嘱戴好手表做好心率记录。为了满足运动一族对设备的需求，华为运动健康APP在"设备"一栏里，在"添加设备"选项里，直接把华为商城里面的运动相关的设备呈现出来，除了华为自己的运动健康产品，也引入了运动健身器材，方便用户找到。相较其他APP，华为运动健康APP的皮肤做得不算美，视频内容不算多，但功能齐全，基于运动健康这个垂直领域的小生态已然形成。

如上所说，基于场景的运动健康产品和功能的供给，让用户购买的频次提升；更多使用华为的设备和APP积累的运动健康数据，让用户的使用频次增加。这些都构成了手机缺失下的黏性不增反减。

在美国打压之前，华为更多专注于手机产品的优质交付，而在当前需要活下去的境况里，8＋n的产品成为重点增收的来源，华为反而有机会和精力将类似运动健康的细分人群，纳入了更精细化的服务范畴，更深入地思考用户的使用场景和综合体验。随着产品发货、用户数增多、健康与医疗合作伙伴的增多，华为运动健康产品的市场份额已经达到全球第一。

备注：此节产品资料和图片来自华为运动健康APP官网。

互动问题

1.您使用过哪些运动健康类的智能产品？这些产品给了您很大的帮助，还是用处并不大？为什么？

2.您希望有什么样的运动健康类产品投入市场？

本节金句

随着智能化设备的发展，运动、医疗领域正在以开放的态度拥抱数字技术。

3.4.4 影音娱乐

在家庭生活智慧化的趋势下，影音娱乐体验的升级正成为当下备受消费者关注的一点。其实，对于未来生活的美好想象，影音娱乐角度是更容易先被用户感知的。以家为起点展现新的影音娱乐体验，将给用户的家庭生活带来极大的趣味性、便利性与舒适性。我们在对影音娱乐方式进行畅想时，常常会希望把开放式的影院、音乐厅带到家中变为私人化，把家中的你我带进一个个故事现场，实现跨越物理距离的连接。现在华为智慧屏的出现给未来的娱乐消费提供了极大的想象力。

华为的手机跟智慧屏可以通过非常方便的方式实现控制协同，这就是多设备的强大的协同能力。而智慧屏还有儿童模式、护眼模式和方便老人使用的简易模式。鸿蒙超棒的交互体验可以把大剧院搬回家。同时，智慧屏还可以把现有的一些功能通过鸿蒙实现软件升级，形成新的功能。下面，主要介绍一下华为智慧屏影音娱乐场景三大亮点。

分布式家庭影院

华为智慧屏和新一代 华为 Sound X，通过 鸿蒙自发现能力、分布式音响技术，一键即可组建高品质 5.1 声道家庭影院。

凭借智慧屏与 Sound X 音箱组具备的智能空间结构识别能力，坐在正对智慧屏的位置上就能听到低音清晰、高音有力的音乐。在华为音乐丰富的高解析度曲库支持下，摇滚、交响、民谣、电音等不同类型的音乐都能发挥出各自的艺术魅力，说是把我们直接带到了只为单人打造的音乐演出现场也不为过。自带万元级的好音响，画质和声音也都有非常大的一个提升，就像是把影院带回了家。

洪湖的计算画质功能可以把画质不清的老片子恢复成高分辨率的。华为智慧屏忠实原画，重塑经典，主要是启用了AI的算法。

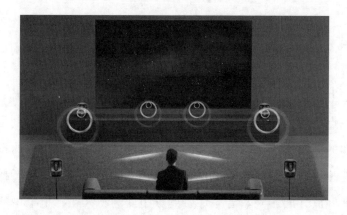

智慧屏K歌

"音乐是全人类共同的语言。"智慧屏提供的智慧屏K歌功能，让用户在家里也能K歌。通过智慧屏的K歌模式，不仅可实现双人的歌曲合唱，而且还具备歌曲智能评分功能。手机扫码点歌配合智能评分系统、录歌功能和多种调音模式及音效选择，实现了足不出户的专业KTV体验。邀请三五好友来家中聚会、唱K，变得更加容易。

有别于传统蓝牙音箱烦琐的蓝牙配对连接方式，华为Sound X智能音箱和华为AI音箱具备"一碰传音"功能，实现了手机与音箱之间的快速配对。除了在欣赏音乐、电影等娱乐需求时能带来轻松快捷的连接特性，在日常打电话时，也能实现一碰音箱即实现通话的外放，较大程度地方便了用户多场景下的音频体验。

此外，通过华为AI音箱APP的交互特性，还可实现歌单智能同步、音乐便捷分享、NFC快速配对等非凡功能。

智慧屏手柄游戏

智慧屏手柄玩游戏，即插即用，一键调出游戏专区，并可实现专业级竞技摇杆。游戏手柄变游戏厅，把大屏变成一个全家人都更愿意在上面互动的屏幕。华为智慧屏，给一家人带来全家娱乐的智慧的屏幕。

如果说华为影音硬件是巩固市场的根基，那么华为全场景云服务对于华为影音领域的体验起到了锦上添花的作用。华为终端云服务可以打破设备之间的边界，实现手机、平板、智慧屏、PC 设备间跨平台的影音欣赏。例如在上班途中用手机观看了某部电视剧，可是到达站点时就不得不中断对影视作品的欣赏，而在午休时，就可以通过同一个华为账号在智慧屏上实现断点续播，从而享受更连贯的数字生活。未来人们的娱乐方式将变得更加丰富和便利，不仅可以躺在沙发上随时开启一场惊心动魄的冒险之旅，而且可以回到文艺复兴时代体验朱丽叶与罗密欧的凄美爱情。

影音娱乐作为鸿蒙生态的五大场景之一，华为在其中扮演的角色就变成了处于用户和创作者两端之间的连接者，华为继续做一直以来都非常擅长的事情——构建连接，将用户和创作者以及开发者连接起来。

针对影音娱乐这套生态，华为基于世界超高清产业联盟的先进编解码标准，为开发者提供了制作高清内容的工具，为用户提供了足够多的优质内容库，为创作者提供了更多的展现机会。华为表示："我们希望让优质的内容有机会被更多的用户看到。"通过华为视频、音乐、阅读、主题、教育和游戏这六个阵地以及华为智能终端、使用鸿蒙系统的设备所产生的海量数据，创作者和开发者可以更深入地理解用户的喜好或意图，从而实现高效开发，将更多优质内容呈现给用户。

互动问题

1.您家里的电视机有多久没有开过了？为什么？

2.您和家人在一起的时候,有多长时间是各自看各自的手机或其他电子设备?

3.您觉得什么样的影音娱乐产品,能帮助家庭成员拥有更多互动和交流的美好时光?

本节金句

通过华为视频、音乐、阅读、主题、教育和游戏这六个阵地以及华为智能终端、使用鸿蒙系统的设备所产生的海量数据,创作者和开发者可以更深入地理解用户的喜好或意图,从而实现高效开发,将更多优质内容呈现给用户。

3.4.5　智能家居

比尔·盖茨曾在其1995年出版的《未来之路》中预言:在不远的未来,没有智能家居系统的住宅会像不能上网的住宅一样不合潮流。比尔盖·茨耗巨资,经历数年建造了叫Xanadu 2.0的大型科技豪宅。

然而智能家居的概念从开始到现在,已经有二十多年了,但为什么直到现在家庭电器的数字化功能仍然没有完全用起来呢?

相信很多科技产品爱好者,和我一样也买过几件所谓的智能家居产品,并尝试使用。为了达到智能操作,每个厂家设计了独有的操作APP。当一个家庭里有多个厂家的品牌电器时,就需要安装不同的APP,实在太麻烦了!还不如直接去进行物理按键操作。但家庭中温度、湿度、照明、新风系统的调节是非常有必要拥有一个统一的操作系统的,因为这会直接影响空间的舒适度。

我们再看看苹果的智能家居产品,苹果公司的专卖店里面早就有了,但是它切入的方式方法可能会弱一些,而且比较贵,所以苹果智能家居产品到现在还没有形成规模。

鸿蒙生态的开放性,让所有的智能终端都可以加入进来。消费者因此拥有更多选择,更优惠的价格,获得良好的体验,市场的井喷就有可能形成。

智能家居行业发展的前景,吸引了很多公司进入这个市场,包括广大的硬件制造商、房地产商、装修公司、银行等。有品牌和渠道的华为终端加入后,如何与行业各类玩家配合,是打开市场的一个关键点。因为独立卖智能家居产品的模式走了这么多年一直没有走通,即便是苹果这类大的玩家,依然处处碰壁。

银行、房地产和装修公司是最能接触到目标用户的公司,而其中真正将客户需求管理得最好、数字化做得最好的是银行。银行因为长期经营房贷和装修贷的业务,所以它们天然就能精准定位目标人群,并且通过自己成熟的沟通网络完成与智能居潜在用户的沟通,实现最高效的用户沟通,并配套推出智能家居消费贷。

华为的全屋智能解决方案还提供了可扩展的鸿蒙支持系统。当前,它支持8个主要系统,包括照明智控系统、环境智控系统、水智控系统、安全防护系统、影音娱乐系统、智能家电系统、睡眠辅助系统、遮阳智控系统。

华为推出的"1+2+N"全屋智能解决方案,致力于构建真智慧家庭。

其中的1,指1个主机,搭载鸿蒙中央控制系统,采用模块化设计的全屋智能主机相当于智慧家庭的大脑,利用信息和逻辑运算,控制协同全屋智能硬件之间的互联。2,指2个网络,1个是家庭物联网,另1个是家庭互联网,这相当于智慧家庭的神经中枢,用来传达和控制由智能主机发出的指令。其中，第 1 个网络采用最新的 PLC（可编程逻辑控制器）技术的全屋家庭控制总线，实现多网融合，满足高达 384 个节点的稳定可靠连接；第 2 个网络支持鸿蒙 Mesh ＋ 无缝漫游技术，实现全屋无死角覆盖的 Wi-Fi 6＋，速率高达 3000Mbps。N，指丰富可扩展的鸿蒙智联生态，目前已涵盖照明、环境、水、安防等 8 套智控系统，未来还会拓展更多。

华为顺应时代，不断创新，对"1＋2＋N"全屋智能解决方案以及前装、后装方案进行战略革新，通过十大子系统、全屋音乐、全屋安防等方面重大升级，推出华为全屋智能 3.0，打造高可靠、高感官、高智能、高心意和高掌控的"五高"优势，实现一个无须学习与记忆、极简掌控、自动感应、懂我所需、充满艺术和美的智慧家，满足空间 3.0 时代消费者的智能化需求。

真正地理解智能家居，并为未来的家居场景做好准备的品牌方，才能从原来单一功能的提供者，变成全盘接手人们生活的知名品牌。

至此，我们可以看到华为终端的鸿蒙生态、移动应用生态、全场景生态均已取得长足的发展。华为终端与生态合作伙伴一起，向用户提供非常有竞争力的新产品和服务。随着几大生态业务的发展，华为终端的品牌内涵已经悄然发生了巨大的变化，品牌该如何升级是一个不容忽视的问题。

互动问题

1. 您希望拥有一个像比尔·盖茨的家一样的智能之家吗？
2. 您觉得智能家居解决方案会改变您的生活方式吗？
3. 下一次装修房子，您会考虑安装全屋的智能家居产品吗？为什么？

本节金句

至此，我们可以看到华为终端的鸿蒙生态、移动应用生态、全场景生态均已取得长足的发展。华为终端与生态合作伙伴一起，向用户提供非常有竞争力的新产品和服务。随着几大生态业务的发展，华为终端的品牌内涵已经悄然发生了巨大的变化，品牌该如何升级是一个不容忽视的问题。

3.5 生态品牌建设的探索与思考

很多世界顶级品牌,在面临产业周期切换的时候,由于没有适应变化,轰然倒下。当下的华为终端,更是在极端恶劣的环境中面对新的产业周期。

因为打压,华为终端被迫拉长了战线,从搭建生存环境开始。华为终端团队可以算是近四年来处境最艰难的团队。如何选择路径,跨越周期,涅槃重生,是华为终端亟待解决的问题。

2022年7月4日,华为心声社区公开了任老板与华为专家委员会的座谈纪要:

华为的战略不能由少数人来决定,也不能由少数人来设计未来,不因少数人的批判而改变方向,应该由成千上万名专家进行思想碰撞,研究未来的方向。我们现在有6000多名首席专家、科学家,加上十几万名工程师,外部的科学家、专家也允许进来交流。我的期望是打开边界,畅所欲言,相互启发,互相借鉴。科学家委员会允许"胡说八道",专家委员会可以"胡说四道",专家委员会的"喇叭口"稍微窄一些。

面对未来的不确定性,唯有以开放的态度去学习和探索。

3.5.1 国内外生态型品牌建设的探索

谷歌

作为全球最大的搜索引擎,谷歌的业务包括互联网搜索、云计算、广告技术等领域,开发并提供大量基于互联网的产品与服务。

2005年，谷歌收购了安卓手机操作系统公司，并将安卓的源代码开放到网上，实现了手机操作系统的飞速扩张。全球使用安卓手机的人越来越多，随之而来的是使用默认的谷歌搜索引擎的人也越来越多，谷歌由此顺利完成从PC（电脑端）向手机移动端的扩张。在搜索引擎和门户网站排名中，谷歌是满意度居首位的品牌。

谷歌将"整合全球信息，使人人皆可访问并从中受益"确立为企业使命。为了达成使命，谷歌公司设计了一套生态体系，体系内不同成员相互成就，巧妙地实现了谷歌、用户、企业、广告联盟的多赢。

开放型生态品牌谷歌，几乎没有在市场上做过什么广告，却因其帮别的品牌做广告和帮助用户免费获得自己需要的信息，而成为全球数一数二的品牌。

谷歌旗下的安卓，几乎没花什么品牌推广费用，但通过合作伙伴，让那个安卓小绿人的图标遍布世界的每个角落。用户因为受益于安卓的高性价比智能终端，而口口相传，纷纷进入安卓生态的阵营。

谷歌及安卓建立品牌的方式是"他渡"。

苹果

苹果是一家软硬件兼备的综合性高科技公司，也是一家线上、线下相结合的零售公司。作为一家硬件企业，苹果的智能手机、笔记本电脑、平板电脑等产品，以其自有的A系列芯片作为内核，在全球范围搭建了强势的供应链体系，兼容了很多代工厂；作为一家软件公司，其自研的iOS操作系统软件承载了所有的应用开发，苹果自研或者开发者设计的应用广泛覆盖了企业用户和个人用户的需求；作为一家零售公司，苹果拥有自己的应用商店、在线商店和自营线下零售店，通过这些渠道售卖应用软件及苹果的硬件产品，以及第三方厂家的周边产品，并提供技术咨询和维修服务。从三个维度看，苹果通过掌握芯片、操作系统和零售体系三大平台，实现了硬件、软件和商业三大系统的封闭生态。苹果CEO库克对媒体说："我们热衷于整合硬件、软件和服务并发现它们的融合点，因为这样可能创造出奇迹。"

封闭型生态品牌苹果通过发布会、创意视频、旗舰店、线下地标广告等形式将苹果品牌推向了品牌影响力的巅峰，苹果建立品牌的方式是"自渡"。

虽然封闭型生态苹果和开放型生态安卓走了完全不同的发展之路，但两者均很好地满足了消费者的需求，最终成为生态品牌的领导者。

特斯拉

特斯拉的使命是"特斯拉存在的根本目的是让世界加速向可持续能源过渡"。基于这个使命，特斯拉不仅是一家电动汽车公司，更是一家能源公司——这是它与其他汽车公司的区别所在。

让世界加速向可持续能源的转变，这是特斯拉的产品和服务专注于运输、能源生产和存储的原因之一，因为这些领域在美国和其他国家都是污染最严重的。具体来说，包括安全地制造、服务并提供全电动汽车、太阳能屋顶以及可无限扩展的清洁能源生产和存储产品。

特斯拉正在开发类似于苹果的应用商店的Autobidder软件，其可以让车主自行下载和安装应用程序，由此打造特斯拉自主品牌的软硬件生态链。

一边是为了让世界加速向可持续能源过渡的软硬件生态链，一边是不断涌现的"自燃""刹车失灵"等负面事件，特斯拉在推动全新的生态体系的过程中，其建立品牌的模式也从"天上"落到了"人间"，此处用"过渡"来描述特斯拉再恰当不过了。人类需要向可持续能源过渡的引领性品牌，而特斯拉也需要进一步实现从理想向现实过渡的运营体系，包括品牌建设体系。

腾讯

腾讯是一家非常赚钱的公司，其中游戏、支付与金融、广告、云计算等是其盈利的主要来源，应该说其超强的盈利能力源于其近20亿的用户。随着迅速的发展，腾讯已经由一个互联网公司变为提供基础服务的生态公司。从服务的类型看，腾讯最核心、最广为使用的服务，如微信、QQ、微云等都是免费的。也正是这些免费而优质的产品和服务，让几乎所有华人都成为腾讯生态品牌的一员。基于强大的用户群和互联网技术，再去发展公有内容、公有服务、线上服务、线下服务的时候，就有了足够的把握。从腾讯投资的众多互联网企业来看，正因为腾讯有用户，所以腾讯在对企业进行投资的时候，会为其带去巨大的流量。

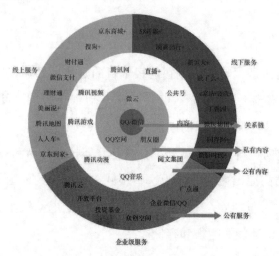

腾讯的品牌部高管在接受媒体采访时表示：作为一家生态型的科技企业，腾讯品牌的强大在于让更多品牌变得更强大。以腾讯的微信生态为例，除了个人通过微信获得生活和工作上的极大便利外，任何个人或者企业都可以通过微信建立自己的品牌。有一部手机和一个自己的订阅号，就可以开始做自己的品牌建设，开始做自己的生意。

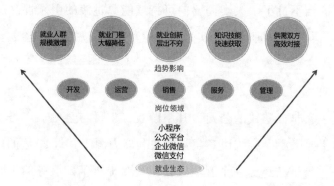

腾讯及其旗下的微信、QQ等子品牌，通过向用户提供免费的关系链和私有内容服务，迅速聚拢人气并形成品牌影响力，然后通过公有内容、公有服

务和线上线下服务获得企业的盈利和长期发展。

腾讯作为一个非常成功的生态品牌,践行着"让用户的生活和工作更便利,帮助任何个人和企业建立自己品牌"的理念,让二十亿用户都进到了腾讯的生态中,这是腾讯生态品牌能成功的根本原因。

小米

小米的商业模式首先是借用硬件生态制造有价格优势的硬件产品,通过小米线上线下的零售能力进行销售,然后利用MIUI系统的软件产品赚取广告、游戏等收入,另外在抢占市场份额后,逐步推出高端产品来增加利润。公司的核心战略是"手机+AIoT"。

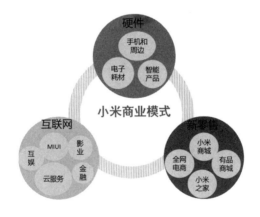

手机和周边产品跟其他厂家的区别不大,手机是中心,周边产品包含移动电源、蓝牙音箱、耳机等。

小米的智能产品分为影音、家电、电工、安防、健康、出行和酷玩。这些产品的加入,传递了小米"让全球每个人都能享受科技带来的美好生活"的品牌理念。

小米还提供生活耗材,包括服饰箱包、玩具寝具、文具工具、乐器饰品、厨具、洗护清洁等。这类产品基本不调用科技公司的核心能力,更多的是利用中国强大的供应链系统,叠加品牌力。这在某种程度上是对品牌的一种消耗,让原本有希望走向更高定位的小米品牌被拉了回来。加上供应商的能力参差不齐，一旦出现售后问题，都将对小米品牌造成损伤。

小米的生态品牌形象借由投资与赋能生态链伙伴、出版图书、媒体的报道等独特的形式逐步传播开来。不得不说，小米作为一个巧妙发展生态的品牌，做出了很多的创新。

海尔

海尔是很多中国老百姓心目中值得信赖的家电品牌，尤其被认为是洗衣机的首选品牌。近几年来，海尔因其物联网生态的业务模式创新，得到了国内外很多研究机构的关注。在世界品牌实验室编制的2022年度《世界品牌500强》列表中，海尔作为优秀的中国企业代表，名列第35位。稍加注意的话，会发现海尔被归类为"物联网生态"行业。

打开海尔旗下的品牌，你会发现其拥有海尔家电、卡萨帝、GE等7个家电品牌，还有6个生态品牌：衣食住娱的"三翼鸟"，工业互联网的"卡奥斯COSMOPlat"、大健康的"盈康一生"、物流的"日日顺"、数字城市的"海纳云"、孵化创客转型的"海创汇"。

以衣食住娱的三翼鸟生态品牌为例，三翼鸟构建了丰富的生态服务体系。在三翼鸟平台，有2万多名设计师、3万多个家电客户、1000多个家装公司、1000多个家居生态品牌、1.4万多个成套服务管家。在广州建博会期间，三翼鸟还与红星美凯龙牵头成立了"中国大家居TOP生态联盟"，由家居建材行业头部品牌共同组成，打造了一个以用户为核心，集渠道、品牌、场景、服务于一体的家居生态共同体。

海尔集团董事局主席张瑞敏提出："在传统工业时代，企业要么成为世界品牌，要么为世界品牌代工；在移动互联时代，企业要么拥有平台品牌，要么被平台品牌所拥有；在物联网时代，企业要么转型为生态品牌的引领者，要么成为生态品牌的合作方。"

互动问题

1.您觉得哪些品牌是生态品牌的领导者?为什么?
2.您觉得一个生态品牌领导者,需要为构建和推动生态发展做哪些工作?
3.现在到了中国引领全球新的产业革命、创建新的生态的阶段了吗?

本节金句

虽然封闭型生态苹果和开放型生态安卓走了完全不同的发展之路,但两者均很好地满足了消费者的需求,最终成为生态品牌的领导者。

3.5.2 关于华为终端生态品牌建设的思考

美国的打压,实际上是将华为终端从现有的芯片生态、谷歌应用生态里挤出来,以达到让其退出市场的目的。为了应对打压、迅速地找到突破口并活下来,华为终端启动了鸿蒙操作系统生态、HMS(华为移动服务)应用生态、华为智选生态,与华为集团的海思芯片生态、欧拉生态一同发力。这一系列的举动超出了美国政府的预期。

但对于华为终端来说,战线一下拉得很长,从原来的专心做 to C 端的产品,变成了同时兼顾 to B、to C 端的产品,还要构建三个生态。工作方式改变、产品类别增多、参与者呈现指数级增长,用户也会随着更多品牌的加入而呈现指数级增长。

在这种业务模式下,很难像原来那样去做产品品牌的管理,需要重新思考"品牌银行"的资产组成和收支均衡等问题。

我前些日子跟一位德国的著名博主聊天,问他对中国品牌的看法,他的反馈很有意思,也很有代表性。

这位博主反馈,在欧洲市场的激烈角逐中,中国智能终端品牌已经占据了非常重要的地位。华为在受美国打压,产品出货量受到严重影响之后,依然是欧洲人心目中的第一品牌。提到华为的汽车业务，他认为华为需要大量启用欧洲的本地员工，并将研发中心建到欧洲。

可以看出，在这位博主心里，华为品牌不应该只是一个提供产品的中国品牌，而应成为一个和本地的研发能力、就业等问题联系在一起的品牌，华为应该开放地融入当地企业和用户中。

时至今日，华为终端提供的服务在变，已不再只是一个产品的提供者，已然成为生态构建者。从品牌管理的角度，如何去适应这些变化，促进生态的发展？如何从产品品牌向更广阔的生态品牌过渡？这是华为品牌当下面临的问题。

接下来，我尝试从品牌建设涉及的意识变化、方法更新、内涵重塑三个方面，抛出自己的思考。

意识变化

2013年，中国品牌在广大的欧美市场上就是廉价、劣质产品的代名词，所以很多人不相信中国的公司能够做出好的产品，但当一批中国企业在全球市场用优质的产品和服务赢得了用户之后，全球的消费者对中国品牌就有了信心。这于中国企业而言是个质的飞跃。从原来的日本造、德国造到中国造，企业品牌跟国家品牌联系在了一起。

华为现在来建生态品牌也是顺应时代的发展。美国的致命打击一轮又一轮接踵而来，华为终端业务受到巨大冲击。应该如何应对危机？哪些需要动若脱兔般迅速变化，哪些需要坚如磐石般固守？华为终端开始迅速地做全面的业务转型；华为人克服重重困难突围的决心坚定不变。一旦一些限制条件被打破，市场的天花板就会打开，增量市场将会来临。

在这个市场经济的时代，任何人都有权利进入一种新的商业竞争中，而竞争力的本质就是要提供优质的服务，给社会带来益处，帮助别人解决问题。当你将你的文化打造成一个服务客户、帮助合作伙伴的利他状态之时，你的企业将会有源源不断的生命力。

"上善若水，水利万物而不争；夫唯不争，天下莫能与之争。"当华为开始创建新的生态平台之时，已经开始成了利万物之水。服务于整个生态体系，成为生态成员不可或缺的合作伙伴之时，也是新的生态建成之时。

做生态品牌，随之而来的是更多的社会责任。怎么样做到绿色，怎么样做到安全，需要做什么样的社会贡献？生态的多样性、生态的可持续性，这些都是需要重新去思考的问题。

事实上，华为终端已经从社会贡献度的视角开启了很多的尝试，包括绿色环保、信息无障碍、健康与教育等领域。比如针对视力障碍群体，搭载鸿蒙的P50 Pro实现了AI字幕、拍照辅助、屏幕朗读等功能。AI字幕帮助文字转为语音；拍照辅助帮助视障用户独立完成拍照动作，接着将照片做图片识别，并将识别出来的物体进行播报。为了帮助老年人更好融入数字时代，华为终端推出了长辈关怀功能，满足年长人群对手机音量、字体、操作灵敏度、操作界面简洁程度等方面的特殊诉求。

为了能够更好地与生态伙伴实现连接，企业的组织结构搭建应该有一种建立中台的思路，在能够更好地赋能数据和业务流等作业的前提下，更灵活地面向生态伙伴。

方法更新

原来在做品牌的活动的时候，更多是凭借品牌方和媒体等传播力量去影响用户，但是在做生态品牌的时候，就要多一重考虑，即生态品牌方的诉求和技术能力。比如开发布会，生态方应该不只是被邀请来观看，要让他们能够成为其中的重要角色，输出对生态品牌的理解和看法。

原来你可能更多地说这个产品有多好，现在你还需要整体地去谈形成产业链的规划，就是说你不再是讲热带雨林里面的那棵树，而是去讲这片雨林的多样性。

华为终端发展到现在，已经包含了非常多元的业务内涵，对品牌的建设也呈现了非常多元的诉求。既有手机产品品牌需要强化的诉求，也有华为移动服务HMS这类完全开放的生态需要建品牌的诉求，还有华为全场景智慧生态这类竞合型的生态品牌建设诉求。很难找到一种既有的方法论来指导华为终端的品牌建设，也很难找到一家公司能够作为品牌发展的参考。只能深入了解各类业务的差异，探索不同场景下的品牌发展。

我根据华为终端现有的多元业务，从生态开放性的角度，总结出三个类型的品牌建设的思考，算是抛砖引玉，希望引发大家讨论真正能够帮助华为终端品牌升级的方法。

开放型生态品牌建设

开放型生态，重要的特点是核心企业开放自身平台的接口，第三方可以通过接入平台产生新的应用并销售。华为终端操作系统鸿蒙、华为移动服务HMS均属于开放型生态。

下面我就华为开放型生态展开分析。

鸿蒙：近两年在操作系统功能上呈现了极大的优化，表现出了物联网操作系统独有的优势。加入鸿蒙的厂家、院校、开发者出现指数级的增长，但相较安卓生态的体量还有很大差距。作为一个后进入者，如何很好地体现其开放性？而且后面还有一大堆物联网操作系统入局，如何体现鸿蒙的多样性和优势？这些都是需要思考的问题。

HMS：近两年呈现了空前增长。在海外，HMS已经涵盖了主流的各种应用场景，但相较谷歌的GMS和苹果的应用商店的移动应用服务的深度和广度还有很大的差距。比如，一个在马来西亚的华为手机用户，他常用的银行卡是一家本地银行的，但他在自己华为手机的应用市场上找不到这个银行的APP。这让他感觉非常不方便。HMS在完成了应用类型的覆盖后，接下来就是本土化、个性化应用的覆盖。这类用户基数相对较小的APP的开发还需要继续推动。

开放型生态品牌安卓是值得学习的典型代表。安卓采取的策略是免费开放源代码，并给开发者提供开发共享包，几乎没有专门做过广告和媒介推广，却成了众所周知的生态品牌。你可以在设备开机的时候，看到"Powered by

Android",安卓小绿人也随着手机厂家的销售和宣传,出现在了大众的眼前。安卓的品牌建设过程,是一个利用了不属于自己的资源的过程。

有了众多企业和开发者的加入,安卓的用户就获得了更便宜的智能终端产品和更丰富多彩的APP,而谷歌公司则从广告收入、开发者收入提成、谷歌应用"全家桶"(地图、邮箱等)三个方面盈利,成为万亿美元级别的超大型公司。

做开放型生态品牌有两个重要的方法。第一种方法是给合作伙伴带来足够的利益。华为终端在采取积极的行动,通过免费向移动设备厂家开放源代码,让厂家基于鸿蒙开发自己的智能产品;向开发者提供免费的开发工具包,并让开发者接入应用市场,为其导入用户流量等资源,获得收益。华为终端努力通过技术共享、用户共享、数据共享的方式,给第三方合作伙伴赋能。相信随着产品供应瓶颈的突破,鸿蒙会吸引更多的用户和合作伙伴,生态就会形成。第二种方法是善于利用合作伙伴来传播,通过广大用户口口相传。让企业、开发者、用户这些万分宝贵而不属于自己的资源,成为品牌建立的无敌利器。

竞合型生态品牌

此处针对华为全场景智慧生态。华为终端业务分成五大场景后,为了满足用户在不同场景的产品需求,华为终端一方面自己做产品,另一方面引入优秀的合作伙伴。

以华为智能家居为例,华为终端会做自己擅长的智能网关产品,但因为智能家居产品种类太多了,很多产品一定会采取合作的方式,比如灯具就会选择直接引入欧普照明等这些大家公认的灯具品牌。华为终端自己则专注于打造华为智能家居的底层能力,比如用鸿蒙系统去解决连接和控制、搭建整个智能家居的标准和系统。

不论是自产的还是引入的,华为全场景生态产品都在华为商城VMALL上销售,节假日也都一起开展促销活动。走进华为智能家居体验馆,你会发现其中很多产品都来自我们熟知的家电品牌,华为在自己的门店内对这些品牌产品做了很好的推广。

当然，智慧全场景也存在竞争的一面。以智慧屏为例，为了验证鸿蒙在多智能终端上的应用，华为首先开发了搭载鸿蒙操作系统的智慧屏，并在市场上销售。这时候，就会和原来的电视厂家形成竞争。以创维为例，作为最早一批开始在产品上测试和对接鸿蒙的企业，创维称将视市场的需求，决定加入鸿蒙生态的具体时机。截至目前，在市场上能买到的创维接入鸿蒙的产品有创维500W冰箱，其搭载鸿蒙NFC（近场通信）功能，可以通过鸿蒙实现互联，对冰箱实现远程操控。但创维暂没有搭载了鸿蒙的电视。

对于竞合型的生态品牌建设，让消费者感受到新生态的差异化服务，让合作伙伴感觉到利大于弊，这是生态能良好发展的关键。

垂直整合封闭型品牌

这一类针对华为终端自产的硬件产品，包括手机、手表、手环、平板、笔记本等。华为终端经历了10年的发展，硬件产品品牌已经做到了深入人心。

美国的打压对华为终端的影响，很可能不是把华为终端在市场上变成非主流，而是塞翁失马，焉知非福，随着技术上的突破，华为终端不但可以重回原来的地位，并且还将新增很多优秀的产品。

开放型生态品牌	竞合型生态品牌	垂直整合封闭品牌
操作系统鸿蒙、华为移动服务HMS均属于开放型生态。向合作伙伴开放平台能力，帮助合作伙伴成功，并给最终用户带来差异化的服务。善于借助生态伙伴来帮助建设品牌是关键。	华为全场景智慧生态属于竞合性生态。为满足不同场景的需求，除了自己做产品，还必须引入优秀的合作伙伴一起做。让消费者感受到新生态的差异化服务，让合作伙伴感觉到利大于弊。	华为终端自产的硬件产品属于封闭性生态。随着产品形态的丰富，需要从品牌的角度去做系统化的梳理，并通过一代代产品去强化。华为终端曾做过的极致科技的Mate系列、时尚潮流的P系列等就是最好的实践和参考。

三种开放度的生态品牌建设方法

当新的产品越来越多，如何让这些产品既能有更强的差异化形象，又能和谐地归属到华为终端的品牌中，是需要考虑的关键问题。需要从品牌的角度，去做系统化的梳理，并通过一代代产品去强化。华为终端发展极致科技的Mate系列、时尚潮流的P系列就是最好的实践和参考。

内涵重塑

华为终端在不同时期根据战略和发展的需要，曾经梳理出不同版本的品牌内涵，比如品牌十要素：勇立潮头对应的"高级简约、年轻化、中性内敛"；独特优势对应的"全场景、创新、品质"；品牌归属对应的"物有所值、便捷、社区、保护隐私"。这些要素都是促使华为终端品牌获得消费者青睐的源泉。

当华为终端从产品和服务的提供者，逐步发展成生态的构建者时，华为终端的品牌内涵也随之发生变化。结合本章各节的思考，我尝试提出几个华为终端在发展生态品牌时，需要重点去塑造的几个品牌内涵：连接、开放、增长、安全、可持续。

连接

鸿蒙相较其他的操作系统，最大的特点是"面向万物互联时代的全场景分布式操作系统"，能够和海量的IoT（物联网）设备无缝连接是鸿蒙区别于其他操作系统的关键点。

万物互联，靠什么实现连接？靠不同的技术，Wi-Fi、蓝牙、射频、NFC。万物互联，呈现出不同的形式，可以是智能语音控制，可以是鸿蒙的流转、无线投屏、华为共享、个人热点等。同时，连接还需要有连接的协议和相关的标准。

长期在通信领域深耕的华为终端，已经构筑了万物互联时代需要的连接能力，连接已经是品牌的关键特性。

开放

华为终端开放了鸿蒙给全球开发者，并推动成立开源基金会，建立开源社区。

HMS开放云端能力，帮助开发者开发与变现，为全球用户带来差异化的应用和体验。

华为联合全球合作伙伴与开发者，共同构筑开放的创新生态，响应智慧全场景需求，迎接未来挑战。

近四年以来，华为终端的以上三大动作充分展现了华为终端品牌开放的决心，让华为品牌的内涵中具有了开放的属性。

增长

华为终端因为芯片问题，手机的衰退在短时间内难以改变，运动健康、笔记本电脑等有一些增长，但整体要实现增长，一定需要顺应趋势，找到更广阔的新市场。

在产品维度，华为成功开辟了更高端的市场，利用手头数量有限的芯片，发布了Mate X、Mate X2、P50 Pocket和最新的Mate Xs2，让华为成功迈进万元以上机型的高端市场，并拿下了国内超过六成的折叠屏手机市场份额。

在客户维度，数字经济已经被确定为中国经济未来发展的重点，这是价值超10万亿元的新赛道，各行各业接下来都要面临数字化转型的考验，许多单位及企业都缺乏经验，这就需要一系列有品质、智慧、可靠的定制化解决方案提供支持。华为终端选择布局商用终端，在政府和教育、医疗、制造、交通、金融、能源六大行业发力。

以上两个维度，是华为终端基于现有的环境，首先寻找的增长点。

然而，在从产业周期性变化、人与人连接的移动互联时代，向万物互联的物联网时代过渡时，如何活下来并且实现增长，是所有组织都需要思考的问题。战术勤奋是无法掩盖战略懒惰的，就像建房子前期一定要经过充分的地质勘探，把地基打到岩石层，才能确保大楼能安全、快速地建起来。

在这个行业周期切换、国际形势风云变幻的时代，需要更多人跳出来，审视和改变所在组织的生存处境，甚至需要自己重新开荒，去创造生存环境。

华为终端从原来的生态体系里被排挤出去，失去了既有的生存环境，但华为终端还有品牌、技术，还有作战经验和团队，还有建立在组织之上的能力和无数消费者的支持,以及历经无数失败后累积下来的求生意志和耐力。这些是华为终端重新开荒去创造生存环境的底气。

鸿蒙操作系统生态、HMS 移动应用生态、华为商城生态,都是为了开创新的物联网生态这个新的生存环境。新的生存环境,就像是新的大陆,意味着无限的空间和实现爆发式增长的可能,而这个爆发式的增长将属于所有进入这个生态的参与者。

安全

在数据安全方面,华为有着严格的加密方法和保护方案。在以鸿蒙为底座的物联网生态里,企业和个人的数据将得到多重的保障,所有人都可以安心去创造价值,传递价值,成为受益方。

在用户隐私保护方面,生态品牌因为拥有了庞大的用户数据,要考虑怎么去注意保护用户的信息,不因为利益诱惑或者外部因素泄露用户数据。这一点曾经是 iOS 的致命伤,现在苹果开始非常强调隐私保护。所以,对于一个生态品牌来讲,要想办法让这种生态品牌的安全概念在内外部扎根。

可持续

华为终端仍然放弃赚快钱,专注把平台先做好,这样就不会被纷繁复杂的短期商业利益所迷惑,而是能够做得更长久,从竞争型的产品企业走向生态建设者。

华为终端致力打造万物互联,将实体在虚拟世界产生投射,将很多人类活动数字化,从而减少资源消耗和环境破坏。根据相关报告,到 2030 年,物联网将净节省 2300 亿立方米水,并减少 10 亿吨的二氧化碳排放。有了对人类赖以生存的自然环境的保护,势必会有更好的可持续性。

"连接、开放、增长、安全、可持续"代表着生态品牌的属性,也是华为终端正在发展的万物互联生态的特色,值得在品牌建设中去体现、去强化、去传播。

也许看到这里,正在按照传统方法打造品牌的经理人会觉得我异想天开,若干年后的品牌经理人会觉得幼稚和可笑,但我希望借由这种方式,引发更多万物互联的大趋势下的品牌建设方法的思考。

如今所有的品牌都会面临新的元素、新的场景、新的生态，比如说VR（虚拟现实技术）、AR（增强现实技术）、MR（混合现实技术），比如说人工智能、元宇宙……而且这些新的技术还会相互叠加、相互渗透、相互作用。现实世界的此岸，通过完全的映射，达到数字孪生世界的彼岸。

我们是否拥有足够的智慧和胆量去拥抱已然来临的大变局，找到品牌建设的优化解决方案？在这样一个大的技术变革来临的时候，我们需要跳出原来的思维模式，找到与变革相呼应的结合点。你的作业环境在变，你的意识要变，你的方法也需要随之而变，更重要的是我们对未来是否抱有开放的态度。

未来的华为终端品牌如何去引领新生态的发展，让大家感受到怎样的品牌内涵，值得期待。祝愿华为终端品牌在新的产业周期里，实现新的跨越，给更多的合作伙伴带来价值，给更多的用户带来全新的体验。

最后，在华为终端成立20周年之际，借用诺贝尔文学奖得主马尔克斯的金句，向为华为终端的发展做出过贡献的奋斗者和支持者致敬："我们趋行在人生这个亘古的旅途，在坎坷中奔跑，在挫折里涅槃，忧愁充满全身，痛苦飘洒一地。我们累，却无从止歇；我们苦，却无法回避。唯有永恒奋斗，方能拥有祥和平静。"

互动问题

1.您对生态建设的理解是什么？

2.您认为现在是中国去引领新的产业革命、创建新的生态的时候吗？欢迎把您的观点分享给我或者您的朋友。

本节金句

我们趋行在人生这个亘古的旅途，在坎坷中奔跑，在挫折里涅槃，忧愁充满全身，痛苦飘洒一地。我们累，却无从止歇；我们苦，却无法回避。唯有永恒奋斗，方能拥有祥和平静。

后记

从感觉写书遥不可及,到最终竟然写完了这本二十多万字的书。我很幸运,得到了师长、同事、朋友和家人们的支持和鼓励,实现了自己的这个小理想。

由衷感恩华为公司给予的全球性历练平台,感恩任老板、历届领导和同仁赐予的源源不断的动力。我在这个平台经历了不同的岗位,在实战中学习中国企业逐步建立品牌的经验;在这个平台见到了平凡中的伟大、浴火重生的生命力。

导师张金隆教授从我读研究生以来,一直是我的人生导师,在做人做事上给了我很多珍贵的指导。他分享了自己写作和出版的经验,也给了我写这本书的信心,并为我引荐了华中科技大学出版社资深出版人陈培斌师兄。应该说是导师和师兄,领我走进了出版图书的大门。

领导和前辈家定总、肖院士、唐文、张军,热情洋溢地帮这本书写推荐和写序;还有我亲爱的同事们 Brain Bian、Vicent Sun、Ivan LYU、Neil Gan、Andy Yang、Jessica Xu、Yuki Pi、杰哥等,与我一同回忆近20年来华为终端和荣耀品牌走过的历程,用一张张图、一段段话帮我完善这本书的内容。好朋友、读书博主子樱毫无保留地分享了她推广书籍的经验并给了了全力的支持。

华中科技大学出版社大众分社的亢博剑社长、编辑沈柳和李祎，在本书的创作过程中给予了大力的支持。从书名到章节设置，从图书策划到出版发行，从每个数据到每张图片，都凝聚着他们的智慧与辛劳。感谢华中科技大学出版社负责发行和融媒体的同志们，重点推广这本书，让这本书有机会出现在更多读者面前。

父亲大人和母亲大人，在我闭关的时间里，承包了家里的大小事宜，并提供了充足的食物营养和心理营养。先生王立雄为了帮我提高写书效率，买来能够很好实现多设备协同的华为笔记本电脑，为了能让我更客观地完成智慧出行的内容撰写，陪同我驾着新买的问界M7逐一体验每项功能。两个外甥，晨阳作为第一个仔细读完这本书的人，牺牲了好多周末时间，不厌其烦地帮助我一点点完善，美术生云丰执行了很多图书推广的任务。亲爱的家人们无私的付出，把我的梦想作为自己的梦想，是我孜孜不倦写作的源泉。

从2003年成立到2023年，华为终端在20年的时间里，从运营商定制和转售的无品牌到成为世界知名品牌；从单一品牌到孵化新品牌，让华为和荣耀双品牌覆盖更广阔的市场；从产品品牌到现在正在迈向生态品牌，推动建立以鸿蒙为底座的新生态体系。所有的努力得到了消费者对品牌的支持和肯定，也可能会成为中国其他品牌发展的借鉴。

从2019年5月被美国商务部列入实体清单到2023年5月，华为终端在4年时间里，承受了令人无法想象的压力，并在极限挑战面前不断寻找新的突破，其展现出的精神力量成为我人生最宝贵的补给，相信也能给读者带来共鸣。衷心祝愿公司跨越鸿沟，凤凰涅槃。

第一次写书经验不足，时间也很仓促，存在诸多不足，希望能抛砖引玉，引发更多高见，共同探讨中国品牌的成长之路。欢迎您就文中的互动问题与我交流，您可以在购书平台留言，也可以扫码与我联系，十分期待您的指导和反馈。书中内容跨越了近20年的时间，有些素材来自网络公开资料，如果涉及到您的版权，请联系我和出版社。